El problema religioso

El problema religioso

GEORG SIMMEL

Georg, Simmel
El problema religioso. - 1a ed. - Buenos Aires :
Prometeo Libros, 2005.
120 p. ; 22x15 cm.

Traducido por: Ayala Francisco

ISBN 987-574-032-2

1. Ensayo Alemán. I. Ayala Francisco, trad. II. Título
CDD 834

Av. Corrientes 1916 (C1045AAO), Buenos Aires, Agentina
Tel.: (54-11) 4952-4486/8923 / Fax: (54-11) 4953-1165
e-mail: info@prometeolibros.com
www.prometeolibros.com

ISBN: 987-574-032-2
Hecho el depósito que marca la Ley 11.723

Impreso en Argentina por CaRol-Go S.A.
Alicia M. de Justo 1930, 5º piso, of. 505 | (C1107AFN) |Buenos Aires
Telefax: (54-11) 4307-2436/2595
e-mail: carolgo@carolgo.com.ar

Índice general

PRÓLOGO DE ESTA EDICIÓN

Al leer a Georg Simmel se advierte cuáles son los límites que marcan al pensamiento académico contemporáneo: se parecen en gran medida a los que imposibilitaron su ingreso en el Olimpo de la universidad alemana. Hay ciertas preguntas —por ejemplo ¿qué es, al fin y al cabo, la filosofía? ¿qué significación tiene el estudio de la historia? ¿en qué piensan las ciencias sociales o la psicología?— que las disciplinas instituidas no pueden formularse, y que Simmel, como si cumpliera la misión de un tábano, desperdiga sin querer a lo largo de toda su obra. En nuestro país, hoy, a diferencia de hace cuarenta o cincuenta años, la obra de Simmel parece haber quedado confinada a los especialistas o a los universitarios.

Por este motivo *El problema religioso* podría crear ciertas incomodidades: los temas que los distintos ensayos abordan tienen poco que decir sobre los grandes ítems de la agenda académica. Sin embargo, es un libro que no dejará de despertar en sus lectores, sean o no carnívoros académicos, inquietudes que se conectan directamente con la vida práctica: la fe, la muerte, la vida, la existencia, el tiempo, la finitud, la inmortalidad. Una forma de abordar estos temas es la que practican «el hombre promedio» y «el filósofo de la religión»; otra, muy distinta, la que hacen carne «el individuo» o «el hombre religioso». En aquéllos el contenido de la fe, la religión, se ha escindido de la vida: necesitan del objeto trascendente que confirme su creencia; en estos, la religión y la vida, como si dijéramos la fe y la existencia, se unen en una «tonalidad fundamental y originaria de todas las armonías y disonancias»: en el modo de ser religioso sujeto y objeto conforman una unidad inescindible, no analizable. Ambas formas de comportarse ordenan dos mundos de la vida distintos.

Simmel no se propone en estos ensayos corroborar la desacralización que lleva adelante el capitalismo, o demostrar las maneras que la racionalización instrumental tiene para desapasionar la vida. Intenta dar cuenta de una experiencia más íntima: recordar, de algún modo, el fondo último de creencia —que él llama religión— que ha sobrevivido a las diferentes religiones, y que los hombres parece que necesitamos o anhelamos como la tierra necesita del agua para ofrecer sus frutos. Al filósofo de la religión, por su parte, no sólo no le interesa este sentimiento religioso que vibra en el trasfondo de la vida, sino que hasta puede llegar a calificarlo de fantástico o ideológico, a desecharlo como un excedente inútil. Y es esta exclusión, entrevé Simmel, y no los deseos del creyente, la que ordena el mundo vital moderno.

Se me ocurren aquí dos alternativas: Simmel es un creyente que tiene por trascendente a un Dios semejante al Dios spinoziano, es decir, un cuasi panteísmo donde la divinidad tiende a confundirse con la naturaleza o la vida; Simmel es un incrédulo que se atreve a pensar aquello que se le hace impensable y que adivina como fundamento de lo humano, fundamento sin el cual «la humanidad culta ... se encuentra sin orientación». El lector de Simmel sabe que su pensamiento se tensa entre oposiciones que no siempre se resuelven en una unidad superior. La fe no conoce atenuación o grados. El débil de espíritu no está capacitado para dar el salto que la fe solicita. Arriesguemos, entre uno y otro, un camino de respuesta. Como en otros libros, aquí también la apuesta de Simmel puede sonar aristocrática: Lo trascendente se daría en la inmanencia de la vida de ese «individuo creador y profundo» que se eleva por sobre la masa y sabe mostrar un destino, una forma-de-vida auténtica: su obra — que como su vida misma, una vida orgánica, surge desde un impulso interno y se expande o crece hacia fuera, más allá de sí, consumando en esa superación su individualidad o su personalidad: «La vida más acrecentada, la que se siente más expuesta al aniquilamiento, posiblemente sea la que más se subleve contra él y supere con la exigencia de inmortalidad esa paradójica tensión».

Este individuo singular que tiene confianza en sí mismo y en el mundo, que se alimenta de la misma muerte que acabará con él, que pugna por construir y dejar atrás la forma que lo trascienda, tiene la certeza de que «el alma no puede vivir sin el cuerpo», y que imaginar sobre esta base algún tipo de inmortalidad es una falacia consoladora: la reencarnación, la metempsicosis o la vida de la especie no testimonian otra cosa que la finitud de esta vida; pero este individuo también intuye que la vida finita que conocemos no es el único tipo de vida posible: «en modo alguno está decidido que la vida sea la única forma en que pueda existir el alma». El romanticismo en sus diversas tradiciones, la hermenéutica o el existencialismo propusieron diferentes maneras para encarar este más allá del alma; el pensamiento tecnocrático o las políticas revolucionarias también. Simmel no podía prever que al final del siglo el individuo auténtico, ese que tiene el poder de despertar más de una de las «innumerables posibilidades de llegar a ser otro» y de contagiar a otros ese poder mágico, sería aquél que se entrega sin gloria pero también sin miedo, de un modo anodino casi, a la repetición serial de las existencias únicas. Erradicar la muerte de la vida, convertirla en el exterior incognoscible que tan sólo roza en un punto la vida terrena, es la máscara de un mundo que perdió la fe fundamental que entrelazó durante siglos a las distintas culturas —que colaboran de diverso modo a lo que hoy, en una atmósfera kantiana, se llamaría humanidad.

Al tipo de persona que Simmel cataloga como «filósofo de la religión» le preocupa la pérdida de tiempo: el tiempo que se pierde no puede recuperarse. Para el «individuo religioso», en cambio, «siempre hay tiempo». Entre el tiempo que sobra y el tiempo que falta, entre el tiempo mecánico y el tiempo mesiánico, se escucha la posibilidad un uso distinto del tiempo, un uso que permita aunar en una forma singular la muerte y la vida. Con un tono melancólico puede decirse que a principios del siglo XXI esta alternativa que pulsa la obra de Simmel parece a punto de clausurarse.

Sobre esta edición habría que confesar que la traducción la realizó supuestamente un incógnito J.I.K. De esa traducción apenas se ha actualizado la puntuación y la ortografía. La primera edición del libro en español data de 1953. Fue publicado en Buenos Aires por la editorial Argos.

Daniel Mundo

Bibliografía

1. Obras de Simmel en lengua alemana

Das wessen der Materie nach Kants physicher, 1881.
Ubre soziale Differenzierung, 1890.
Einleitung in die Moralwissenschaft, 1892.
Die probleme der Geschichtsphilosophie, 1892.
Philosophie des Geldes, 1900.
Kant. 16 Vorlesungen gehalten an der Berliner Universität, 1904.

Kant und Goethe, **1906.**
Schopenhauer und Nietzsche, **1907.**
Sociologie. Untersuchungen über die Formen der Vergesellschaftung, **1908.**
Hauptprobleme der Philosophie, **1910.**
Philosophische Kultur. Gesammelte Essays, **1911.**
Goethe, **1913.**
Rembrandt. Ein Kunstphilosophischer Versuch, **1916.**
Grundfragen der Soziologie, **(***Individuum und Gesellschaft***), 1916.**
Der Krieg und die geistingen Enscheidungen, **1917.**
Lebensanschauung. Vier metaphysische Kapitel, **1918.**
Zur Philosophie der Kunst. Philosophische Aufsätze, **1922 (Gertrud Simmel comp.).**
Brücke und Türk. Essays des Philosophen zur Geschichte, Religion, Kunst und Gesellschaft, **1958 (M. Susman y M. Landman comps.)**
Das individuelle Gesetz. Philosophische Exkurse, **1968 (M. Landman comp.).**

2. Obras de Simmel en lengua española.

Sociología, **Madrid, Espasa-Calpe, 1939.**
Schopenhauer y Nietzsche, **Buenos Aires, Editorial Schapire, 1944.**
Problemas fundamentales de la filosofía, **Madrid, Revista de Occidente, 1946.**
Problemas fundamentales de la filosofía, **Buenos Aires, Editora del Plata, 1947.**
Goethe, **Buenos Aires, Editorial Nova, 1949.**
Intuición de la vida, **Buenos Aires, Editorial Nova, 1950.**
Rembrandt. Ensayo de filosofía del arte, **Buenos Aires, Editorial Nova, 1950.**
Schopenhauer y Nietzsche, **Madrid, Francisco Beltrán, 1951.**
El problema religioso, **Buenos Aires, Editorial Argos, 1953.**
Filosofía del dinero, **Madrid, Instituto de Estudios Políticos, 1977.**
Sociológica, **Madrid, Alianza, 1984.**
El individuo y la libertad. Ensayos de crítica de la cultura, **Barcelona, Península, 1986.**
Sobre la aventura. Ensayos filosóficos, **Barcelona, Península, 1988.**
Rembrandt. Ensayo de filosofía del arte, **Murcia, Colegio oficial de arquitectos, 1997.**
Cultura femenina, **Madrid, Alba, 1999.**
Intuición de la vida, **Buenos Aires, Almagesto, 2001.**
Estudios psicológicos y etnológicos sobre la música, **Buenos Aires, Gorla, 2003.**
La ley individual y otros escritos, **Barcelona, Paidós, 2003.**

Simmel, filósofo cortés

El nombre de Georg Simmel despierta cordiales resonancias entre los afectos a la sutileza filosófica. Más allá de los límites de la especulación rigurosa, más allá de la filosofía *sensu stricto*, desde luego que rebasándolas, la obra del ingente pensador alemán se proyecta sobre todas las problemáticas posibles de la inquietud humana haciendo luz en los rincones más oscuros y accediendo a los rumbos más complejos. Se trate de los graves temas de la metafísica clásica, se trate ya de los modernos tópicos sociológicos, cada caso adquirirá en él el máximo de exigencia rigurosa al tiempo que la más pura intención didascálica. En Simmel, más que en ningún otro, puede connotarse aquella virtud que Ortega estimaba como "la cortesía del filósofo", esto es: la claridad. Totalmente al margen de la tradición de sus doctos connacionales siempre predispuestos a la construcción de sistemas monumentales, Georg Simmel cultivó un versátil pero fecundo asistematismo que le permitió bucear sin cansancio en todos los estratos del espíritu del hombre y, no hay duda ya a esta hora, que sus hallazgos valen por varios posibles sistemas.

No hay aún el trabajo crítico que nos brinde un fiel balance de la obra total del gran pensador. A lo sumo existen algunas aproximaciones de ensayos escritos en los años inmediatos a su muerte. En nuestra lengua Ortega y Gasset dejó algunas notas llenas de sagacidad. Se impone, por tanto, señalar desde esta prelusión la necesidad de un estudio completo que obre la *mise au point* de una obra tan capital en la filosofía contemporánea.

El itinerario de Georg Simmel puede fijarse sintéticamente alegando que fue desde un vitalismo inicialmente biologicista hasta los aledaños de una probable metafísica de la vida. Su visión se desplazó en tres rumbos igualmente fértiles: el de la creación poética que arquetipizó a través del genio de Weimar Goethe; el de las puras formas cuyo paradigma lo constituyó Rembrandt; y el del pensamiento a través de Emanuel

Dejamos reunido en este tomo de la serie "Perfil del Siglo" sus ensayos sobre el problema religioso y como colofón su estudio sobre la muerte y la inmortalidad. En estos ensayos se transparenta lúcidamente la agudeza de su pensamiento y su vigor, así también su capacidad para colocarse en un plano de objetividad máxima y ver las aristas del problema desde todas las situaciones posibles.

Interesa, más allá del puro valor didáctico de estos trabajos, el alto sentido precursor que en ellos se alienta. Asimismo resulta curioso y sorprendente consignar, por ejemplo, la notoria analogía que se evidencia en el concepto simmeliano de "la muerte inmanente en la vida" con el actualísimo "ser para la muerte" de Martín Heidegger. Y de este jaez cien casos más de anticipación a las filosofías de nuestro tiempo inmediato se encontrará espigando en la vasta y densa obra de Georg Simmel.

El hombre de hoy, que ni se adscribe íntimamente a una religión, ni tampoco, llevado de una cultura superficial, considera el hecho de la religión como un simple sueño del que la humanidad se va sacudiendo lentamente, se encuentra ante este hecho en una situación de indecible inquietud. Percibe en las religiones históricas diferencias muy importantes de hondura metafísica y valor sentimental, de alcance moral y significación espiritual. No obstante, estas diferencias afectan únicamente a los contenidos de la fe religiosa, pero no a la posición de la fe respecto de la realidad.

Si se explica la religión como un conocimiento de lo incognoscible, intuición directa o indirecta de lo supraempírico, no hay ninguna diferencia entre Vilzliputzli y Ormuz, entre Baal y Wotan, entre Brahma y el Dios cristiano.

¿Impide en principio, el problema de la realidad, reconocer uno de esos dioses y seguir su religión? Pues entonces impide también el reconocimiento de todos los demás. El hombre a que me refiero está persuadido de que estamos dentro del mundo empírico como estamos dentro de nuestra piel, y que querer salir de ella con nuestro cuerpo no sería una tentativa más feliz que pretender apresar el mundo del más allá con los medios de que dispone el alma humana.

La fe religiosa en la existencia de algo trascendente, cualquiera sea su naturaleza, no tolera la atenuación más mínima; aquello en que se cree debe tener la realidad tan firme que sea posible pensarla y mucho más firme que el propio mundo empírico. Acaso de este último puede concederse que es "mi representación". Al mundo empírico le basta ser una imagen concorde consigo misma, según las normas de nuestro conocimiento, y que la representación de esta imagen provoque las reacciones prácticas que comporta nuestra vida dentro del mundo. Pero si el creyente pretendiera entonces replicar al empirista –que le echa en cara la indemostrabilidad de lo que cree– diciéndole que "también este mundo es, en última instancia, indemostrable; que también su existencia es, en

definitiva, asunto de fe", el creyente revelaría que no se comprende a sí mismo. Pues no basta que los hechos religiosos sean "mi representación"; el servicio que nos hacen los hechos religiosos no se cumpliría si su realidad absoluta fuese menoscabada o negada. Si Jesucristo no tiene una realidad total, no atenuada por reserva lógica alguna, no puede habernos redimido.

Los dos grupos que dudan

La realidad de los hechos religiosos no admite réplica. Algunos círculos de gente moderna, espiritualmente elevada, situados en último término en el punto de vista indicado al principio de este ensayo, desconocen la fuerte efectividad de la fe, que es condición indispensable para que una religión cumpla su cometido. Cultivan un juego místico-romántico con la idea de Dios, con la significación trascendente de Jesús, con la inmortalidad, fundado en sentimientos atávicos, en la resonancia de una inmensa tradición, pero eliminando el factor decisivo: la total realidad de lo trascendente. De esta manera practican la coquetería de cubrir a medias la incredulidad con la fe.

Pero aun prescindiendo de esos hombres que, colocados ante las religiones existentes, no tienen valentía suficiente para creer o dejar de creer, subsiste la situación irritante del hombre moderno, que consiste en que hay ciertos contenidos de la fe cuya existencia real no puede afirmar su saber intelectual y, no obstante, ve afirmada como una realidad indubitable por espíritus eminentes.

Este hombre, forzosamente, ha de experimentar la angustiosa sensación de que le falta un sentido para percibir algo real, ahí donde él juraría que nada existe ni puede existir.

En este aprieto, en esta alternativa de perder la fe en la propia razón, y no sólo concebida como un criterio científico y demostrativo, o de perder la fe en los grandes hombres del pasado, le queda todavía un hecho positivo, un punto concreto donde sostenerse: la necesidad religiosa que indudablemente existe, o, con expresión más cautelosa, aquella necesidad o anhelo que hasta ahora había sido satisfecha mediante la religión. Pues el racionalismo de las "luces" sería más bien ceguera si creyese que sólo con un par de siglos de crítica religiosa hubiera destruido un anhelo, sentido por la humanidad desde el alba de su historia y desde los pueblos más inferiores hasta las cimas supremas de la cultura.

En esto se demuestra todo el problema de la situación en que, sin duda, se encuentra hoy gran parte de la humanidad culta. Siéntese ésta reclamada por el poder siempre nuevo de ciertas necesidades, a la par

que considera ilusión los modos de satisfacerlas que hasta ahora se han propuesto o se pueden proponer, de suerte que se encuentra sin orientación.

PERSPECTIVAS DEL SENTIMIENTO RELIGIOSO

Hasta ahora la religión siempre había sobrevivido a las religiones, como el árbol a la caída periódica de sus frutos. La enorme gravedad de la situación actual estriba en que no es este o aquel dogma, sino la fe trascendente misma la que, en esencia, es calificada de ilusoria y fantástica.

Lo que subsiste hoy no es ya la forma vacía de la trascendencia, que busca un nuevo contenido con que llenarse, sino algo mucho más profundo: la necesidad, el anhelo que, en general, se apacigua con lo trascendente: en suma, una realidad espiritual que, al suprimirse los contenidos de la fe, parece paralizarse y apartarse del camino que la lleva a plena vida.

Cerradas todas las salidas, excepto la transformación radical de la conducta interior, es preciso, ante todo, aclarar por completo el cambio de postura inaugurado por Kant, según el cual la religión es una íntima manera de conducirse el alma, en contraposición con la idea de que la religión es un término medio o mezcla confusa de este sentimiento, acción o ser interior y una existencia que trasciende de él.

Puede existir algún modo de relación entre el espíritu y lo trascendente, y entonces la religión es la parte de esta relación que cae del lado del espíritu humano. Pero de la misma manera que, según Kant, las cosas no pueden transmigrar en nosotros, tampoco Dios transmigra en nuestro corazón. Cuando se afirma, sin embargo, que el espíritu se identifica y se funde con Dios, se hace desde el punto de vista de la metafísica o de la mística. Pero la religión ha de tener un sentido inequívoco, distinto de la especulación y, por tanto, no puede ser más que una manera de ser, un acontecimiento de nuestra alma, que es la parte a nosotros concedida. Un temperamento erótico acabará por amar quizás exclusivamente a una sola persona, pero ya de antemano y previamente era erótico, y ha de diferenciarse ésta su manera de ser de cualquiera y de todas sus manifestaciones aisladas y concretas. Asimismo, la naturaleza religiosa es un temple de alma determinado, que de antemano siente y configura la vida en otra forma que una naturaleza irreligiosa, y lo mismo haría aun cuando viviese en una isla solitaria, donde no escuchase palabra ni concepto alguno acerca de Dios.

En mérito a lo simple, me referiré en primer lugar al caso de esta naturaleza puramente religiosa, en el sentido más categórico, sin mezcla de otra cosa. En tal sentido, esta alma no tiene religión tan sólo a modo de un bien poseído o de una facultad. Su "ser" es ya un ser religioso y, por así decir, toda ella funciona religiosamente, de la misma manera que nuestro cuerpo funciona orgánicamente. Para este "modo de ser", los dogmas no son meros contenidos, que aquí revisten una forma, allí otra, sino que son también exteriorizaciones de la constitución singular de su alma. El sentimiento de dependencia y alegría esperanzada, la humildad y el anhelo, la indiferencia hacia lo terrenal y lo que regula la vida, no constituyen tampoco el aspecto religioso más profundo del hombre religioso. Todas estas cosas son algo que brota y emana de su esencia, algo que él *tiene*, como el artista *tiene* fantasía, habilidad técnica, sensibilidad aguda y facultad de estilización, mientras que la sustancia de su ser, lo que lo hace artista, aquello cuya unidad no puede descomponerse y analizarse, yace, por decirlo así, bajo todo eso.

En las interpretaciones comunes, me parece que la religiosidad del hombre es concebida siempre como combinación y modificación de las energías "generales", el sentimiento, el pensamiento, la volición moral o el apetito. Pero en realidad, la religión es la esencia fundamental del alma religiosa, la cual determina la coloración y funcionamiento de todas las cualidades generales –y especiales– del alma. Solamente a posteriori –si bien tampoco en el sentido cronológico de la palabra– se descompone esta esencia única en necesidad y satisfacción, como el "ser" del artista se manifiesta en la correlación del impulso creador y la ejecución objetiva de la obra.

Así, pues, por virtud de esta separación entre la necesidad íntima y su satisfacción o henchimiento se presenta la religiosidad como la constitución natural del hombre religioso en contraposición a la objetividad de un contenido religioso. Sólo cuando el "ser religioso", el carácter íntimo, esencial de la personalidad religiosa, entra en la fase psicológica y se revela como necesidad, anhelo, deseo, sólo entonces exige una realidad en que satisfacerse. Éste es el momento en que intervienen y realizan su papel los agentes espirituales que en todo tiempo se han señalado como creadores de dioses: el temor y la miseria espiritual, el amor y la dependencia, el anhelo por la prosperidad terrenal y la redención eterna.

Pero la cuestión del origen no se plantea visiblemente hasta que la complexión religiosa interior llega a esa diferenciación entre la necesidad o anhelo y la satisfacción. Entonces es cuando el alma tiende hacia una realidad, hacia Dios creído. Así, pues, sólo ahora puede surgir la cuestión de si la religión es verdadera o falsa; cuestión que, evidentemente, carece de sentido si por religión se entiende aquella constitución fundamental del hombre. Pues un hombre no puede ser verdadero ni falso; sólo puede serlo la creencia en una realidad allende el creyente.

El aspecto gnoseológico de la confesión: "yo creo en Dios", nos parece desde un punto de vista demasiado poco y, desde otro, demasiado mucho. Esto pone de relieve que la oposición entre un sujeto creyente y un objeto creído es una escisión secundaria, una expresión no muy adecuada de algo más profundo, de una cierta realidad interior extraña al conocimiento.

Las denominaciones vacilantes de los místicos: Dios es "la pura nada" (en contraposición con cualquier algo particular que pueda señalarse), o Dios es el "Supraser", no pretenden otra cosa sino eludir en Dios la cuestión de la realidad. Ésta no existe ya en aquellas honduras de donde brotan las raíces de la religión o la religión como última raíz del ser mismo. Pero como el hombre es un ser anhelante y ya el primer paso de su existencia lo conduce al deseo de tener, de poseer; como el primer paso del sujeto consiste en ingresar en la objetividad, el proceso vital religioso, esa profunda constitución de algunos hombres, se convierte al punto en una relación entre uno que desea y otro que otorga. De esta suerte, esta forma objetivizada de realidad reobra sobre la propia religiosidad, y así la oración, la magia, el rito se convierten en instrumentos de práctica eficacia.

Así, pues, cuando el hombre subjetivo se enfrenta con la realidad objetiva de Dios es cuando se plantea íntegramente la cuestión de la verdad, la lucha sobre la verdad o la ilusión, y la esencia religiosa del hombre se quiebra en este nuevo plano en que se ha transpuesto.

Esta transposición, inevitable hasta ahora para los hombres, según demuestra el testimonio de la historia, da precisamente origen a la crítica racionalista. Ésta llega a la siguiente conclusión: o hay "en realidad" un ente metafísico, trascendente, divino, que existe fuera del hombre o, si el espíritu científico no admite esta realidad, la creencia en ella es una fantasía subjetiva, que es preciso explicar psicológicamente.

Pero si este dilema pretende refutar lo metafísico, lo irreductible a términos psicológicos, incurre en grave error. Porque cabe una tercera posición: que acaso esta fe, este hecho dado en el alma, sea, a su vez, algo metafísico porque en él vive y se expresa un ser, aquel modo de ser religioso, cuyo sentido es completamente independiente del sentido que la fe produce o en que la fe hace presa.

Cuando el hombre se enfrenta ante una figura metafísico–divina, que supera toda singularidad empírica, no proyecta en ella siempre ni exclusivamente sus emociones psicológicas, temor, esperanza, superabundancia, anhelo de redención. En esa figura proyecta, además, el hombre lo que en él mismo es metafísico, lo que en él mismo trasciende de toda singularidad empírica. De la misma manera que el movimiento de los elementos cósmicos calculables se sustenta en el hecho irreductible de que existe un mundo y un punto de partida determinado y característico de su evolución, así también la movilidad psicológica, calculable en principio, que engendra las figuras religiosas, se funda en la psique que existe previamente con cierto modo de ser. De suerte que el hecho de producirse la serie psicológica como tal serie supone una base fundamental que, a su vez, no se ha producido en el curso de la serie.

El pensamiento de Feuerbach se ha descarriado en este punto. Para él, Dios no es otra cosa que el hombre que, acosado por sus anhelos, se exalta a sí mismo hasta lo infinito y después pide auxilio al mismo Dios que así ha creado. "Religión es antropología". Y con este giro cree Feuerbach haber liquidado lo trascendente porque sólo ve en el hombre el flujo empírico de las particularidades anímicas. Pero hubiera concluido mejor: "así, pues, el valor metafísico, superindividual de la religión radica en la esencia religiosa del hombre mismo".

Evidentemente, de igual manera que la divinización del hombre, puede refutarse la humanización de Dios, pues en ambos casos se efectúa un acercamiento a posteriori, a viva fuerza, de dos instancias que cada una en su plano tienen que oponerse inmediatamente. Pero es posible superar este dualismo por cuanto el espíritu en la fe o bajo la fe produce a la par su objeto y siente su ser religioso como lo absoluto allende esa relación, exento de la oposición entre sujeto y objeto.

La imagen del espacio que encontramos en nuestra conciencia no nos permite concluir que, por tanto, existe fuera de la conciencia un mundo espacial; por el contrario, si Kant está en lo cierto, la misma representación es todo lo que llamamos realidad espacial. Pues de la misma manera la religiosidad subjetiva *no garantiza* la existencia de un ser o de un valor metafísico fuera de ella, sino que es ella misma e inmediatamente ese ser y ese valor, una realidad, que ya comprende en sí todo lo supracósmico, la profundidad, el carácter absoluto y sagrado que parece perdido en los *objetos* religiosos.

Esta conversión puede compararse a la de la ética, que no busca la significación moral en el contenido propio de la acción singular, sino en la "buena voluntad". La "bondad" es el carácter fundamental, irreductible de un proceso volitivo. Aunque sea la bondad la que determine al sujeto a elegir ciertos fines, éstos no son "buenos" originalmente ni prestan a la voluntad que los acoge el carácter de "buena". Por el contrario, es la "bondad" la que como espontánea fuerza informadora de nuestra intimidad presta a los diversos contenidos el valor moral, que, como es sabido, nunca se puede descubrir en ellos, tal como se ofrecen en su materia inmediata y visible.

Tampoco se puede decir a primera vista si el contenido religioso es verdaderamente religioso o no: la representación de Dios puede ser creada e incluso creída por la mera especulación. Los dogmas pueden ser aceptados por mera sugestión, así como la redención por el mero afán de dicha. Todo ello se torna religioso cuando arraiga en aquella realidad singularísima que llamamos religiosa, bien sea creada o reproducida. Y como la "buena voluntad" de un hombre mantiene su valor moral en toda su pureza y plenitud, aun cuando el destino le suprima las posibilidades de realizar una obra visible, de la misma manera el valor religioso del alma se conserva, aunque motivos intelectuales o de otra clase hayan anulado los contenidos en que este valor ha desembocado, haciéndolos, por tanto, religiosos.

La persona religiosa

El ser religioso no es estático, no es una *qualitas occulta*, un cuadro definitivo, como la belleza de una obra de la naturaleza o del arte. Por el contrario, es una forma de la vida total, de la vida viviente, una manera que la vida tiene de vibrar, de manifestarse, de cumplir su destino.

Cuando el hombre religioso –o el hombre como ente religioso– trabaja o goza, espera o teme, ríe o llora, todo esto lo hace con una entonación y un ritmo propio, una relación de cada acción singular con la totalidad de la vida, una repartición del acento entre lo que es importante y lo que es indiferente, que no se asemeja en nada a las experiencias íntimas del hombre práctico, artístico y teorético.

Entiendo que el gran error de las anteriores teorías psicológicas de la religión consiste en que hacen comenzar la religiosidad allí donde esos contenidos pasan a tener una trascendencia sustancial y figura un Dios exterior. Para estas teorías, la vida y su contenido no se hacen religiosos hasta que la fe en la divinidad –que es un resultado, un fruto, una hipóstasis de aquel proceso íntimo puramente empírico– vuelve a obrar por reacción sobre la vida.

Pero yo estoy cierto que en los hombres de temple realmente religioso, los procesos anímicos ya nacen desde luego con el matiz religioso, de la misma manera que los actos de un hombre elegante ya son elegantes por ser de él, porque han tomado esa constitución de la propia fuente, y no la reciben tan sólo como un colorido superpuesto a un contenido incoloro o teñido de otro tono.

Solamente la abstracción practicada a posteriori puede, en una vida religiosa, separar la religión de la vida.

Claro es que esta escisión está favorecida extraordinariamente por la reacción de esos productos especiales, con los cuales, por decirlo así, la vida destila una realidad religiosa y se constituye un recinto que sólo a la religión pertenece: el mundo de lo trascendente, los dogmas eclesiásticos, los hechos de salvación.

El individuo religioso

En la misma medida en que la religiosidad queda circunscrita exclusivamente a esa esfera real, es posible aislar de la vida la religión y su capacidad para tornarse una forma de sentir y plasmar todos los contenidos vitales, convirtiéndose, en cambio, en un contenido cualquiera entre otros muchos. Por esta razón, los hombres de religiosidad débil o nula no tienen otro modo de existencia religiosa que el dogma. En ellos, lo religioso no determina el proceso vital como forma inmanente; por tanto, necesitan tener frente a sí algo trascendente.

Así, pues, en la vida de estos hombres la religión se trueca en algo localizado objetiva y temporalmente, y casi pudiera decirse que el espacio también: el paseo dominguero a la iglesia es la caricatura de esta completa escisión entre la vida y la religión. Esto acontece porque la religión, en vez de ser la vida misma, se ha convertido en un contenido de la vida como otro cualquiera: y porque incluso en el hombre verdaderamente religioso, para quien es la "vida misma", la religión ha transferido su esencia como proceso y carácter esencial de la vida toda a una sustancia trascendente, a una realidad que, en algún modo, se le opone. De esta manera, han creado estos hombres la religión como una cosa en que también puede participar una vida no–religiosa. Pero en ellos la religión sigue siendo la forma de todo pensamiento y toda acción, de todo sentimiento y deseo, de toda esperanza y dubitación. No es el armónico superior que resuena constantemente con todo, sino la tonalidad fundamental y originaria de todas las armonías y disonancias de la vida que suenan o se extinguen, se inician o resuelven. Así, pues, su significación metafísica no está tomada en préstamo al objeto trascendente hacia el cual se orienta la religión, sino que radica en su propia existencia.

Si volvemos en este punto la vista al problema fundamental de estas páginas, que no es otro sino el comprender cómo puede tener sentido y cumplimiento el inextinguido anhelo de valor religioso, aun cuando ninguno de los contenidos con que hasta ahora se satisfacía puede ya realizar ese cometido, entonces aparece la posibilidad de que la religión, prescindiendo de su sustancialidad, de su vinculación con un objeto trascendente, se encumbre o rebaje en un funcionamiento, en una forma interna de la vida y todos sus contenidos. Toda la cuestión consiste en saber si es posible que el hombre religioso viva la vida con esa unción e intensidad, esa paz y hondura, esa lucha y beatitud; si es posible que sienta la vida con un *valor tan metafísico* que pueda, como por una especie de rotación, colocarlo en el lugar ocupado antes por los objetos trascendentes de la religión. Pero esto es algo esencialmente distinto a la expresión parecida de Schleiermacher, según la cual nada debe hacerse por religión, sino que todo debe hacerse con religión. Pues si los diversos contenidos de la vida deben hacerse "con religión", quiere decirse que la religión es algo agregado desde fuera, ligado, de hecho, prácticamente, a todos los pensamientos, actos y sensaciones, pero sin que, en principio, éstos cambien su curso inmanente y dejen de existir si ella falta.

CAUCE RELIGIOSO DEL HOMBRE ACTUAL

Así como el hombre racionalista no acompaña tan sólo su sentir y querer con reflexiones intelectuales, sino que la intelección determina previamente la clase de sus acontecimientos anímicos, porque es una función que los sustenta a todos, de la misma manera el problema de la situación religiosa estaría resuelto si los hombres vivieran una vida religiosa, es decir, una vida de tal especie que no se realice con religión, sino cuyo mismo curso sea religioso, y mucho menos una vida que se realiza por religión, es decir, por respeto a un objeto cualquiera situado fuera de ella. Pues por más que éste sea un producto del proceso religioso, interior, está, como tal objeto trascendente, sujeto a la crítica. En cambio, según queda dicho, un ser previamente religioso no puede ser criticado, como no puede serlo, en general, un ser, a diferencia de una idea de fe o una idea científica.

Todo el problema del porvenir de los hombres religiosos se encierra en la siguiente interrogación: supuesto que los objetos que satisfacen el anhelo religioso –no sólo los conocidos, sino cualesquiera en general– ya no se pueden ofrecer a ese anhelo ni por una reacción o vuelta atrás ni por una modernización de la fe, ¿puede el hombre religioso experimentar, sin embargo, en la configuración religiosa de toda la realidad el sentimiento de haber alcanzado el sentido más profundo de la vida y que, por así decir, el valor metafísico, que ya no se nutre en un objeto trascendente, revierta sobre él como significación de su existencia?

Este aislamiento de todo dogma, aun sin dar a esta palabra un sentido odioso, no tiene nada que ver con el "liberalismo" religioso, porque también éste vincula la esencia religiosa con ciertos contenidos, entre los cuales permite una libre elección personal.

¿Puede la evolución religiosa tomar esta dirección? La dificultad está en que ésta parece abierta únicamente a los temperamentos específicamente religiosos. Para éstos, el problema no encierra ningún peligro grave.

El hombre religioso puede pasar por la duda, el inquieto anhelo, el insulto, la ruina; en el fondo está seguro de su fe, porque para él ésta significa solamente que está seguro de sí mismo. Al ahondar dentro de sí mismos, encuentran estos hombres una realidad tan profunda y trascendente que no necesitan llamarla Dios. Por esta razón, muchos de los místicos más hondamente religiosos muestran una notable indiferencia respecto del contenido de la fe.

Podrá acontecer que el temperamento religioso se tome con pasión a cierto contenido de fe; pero como no puede sustraerse a la negación crítica de su "verdad", tendrá que sustituir ésta por alguna otra o caer en la desesperación o encenderse en el fanatismo iconoclasta de la lucha contra la herejía en que la religiosidad se afana y consume con igual energía que antes, pero con signo negativo.

El temperamento religioso no vive nunca en el vacío, porque tiene la plenitud dentro de sí mismo.

La necesidad religiosa

Los hombres ciertamente religiosos no sienten –no me cabe la menor duda– la indigencia religiosa de nuestra época. Quienes la sienten son los hombres dotados sólo de algunos elementos religiosos, los hombres que han menester de la religión porque su temperamento no es religioso, los hombres en los cuales la religión colma un doloroso vacío de la existencia.

Parece paradójica esta afirmación de que precisamente los hombres no religiosos son quienes más necesitan de la religión en su sentido histórico, como fe en una realidad trascendente. Pero esta paradoja se desvanece si pensamos en el hecho análogo de que el alma plena e instintivamente moral no necesita ninguna ley moral formulada como imperativo ético.

Solamente en los pervertidos, los impuros, los vacilantes o débiles se separa, se pone aparte la conciencia moral que poseen en algún grado y se convierte en deber. En cambio, el hombre verdaderamente moral lo es por esencia y el deber no constituye una fórmula separada de su propio ser. Es decir, para emplear la expresión religiosa corriente: quien no tiene a Dios dentro de sí, necesita tenerlo fuera.

Los hombres religiosos de los credos históricos lo tenían dentro de sí y fuera de sí. En las personalidades geniales y creadoras de esta especie, la religiosidad interior era tan potente y amplia que no se satisfacía con informar la vida toda. Aquella forma de su vida rebosaba todos sus contenidos y se vertía en supravida; su ser religioso no podía soportar sólo su plenitud y pasión, sino que se lanzaba a lo infinito, para recibirlo de rechazo, pues que no cree deber sus amplitudes y profundidades, sus beatitudes y desesperaciones a sí mismo. Pero la inmensa mayoría de los hombres se limita a encontrar ante sí la divinidad. Ésta consiste para ellos en una realidad objetiva que es la que, en la mayor parte de los casos, da vida y actividad a sus energías religiosas, latentes o semidespiertas.

Pero aunque la crítica quite a los hombres religiosos su Dios, siempre conservarán en sí mismos, no sólo la fuente de donde Dios procede, sino también el valor metafísico que Dios representa.

En cambio, estos otros perderían de un mismo golpe a Dios y todo lo demás, pues la masa necesita algo "objetivo" en un sentido completamente distinto que el individuo creador y profundo.

Porvenir del sentimiento religioso

La gran pregunta que suscita el estado actual y futuro de la religión puede plantearse de este modo: ¿cabe esperar que la religiosidad del tipo medio se desvíe del sustancialismo celeste y de los hechos trascendentes para verter en una configuración religiosa de la vida misma y de la realidad interior, que puede designarse con expresión filosófica como conciencia de la significación metafísica de nuestra existencia? ¿Pueden orientarse todos los afanes supracósmicos, todas las devociones, beatitudes, humillaciones, toda justicia y gracia, no en una dimensión vertical sobre la vida, sino en la dimensión de profundidad dentro de la vida misma?

¿De qué pueden servir todos los esfuerzos para engarzar de modo perdurable los valores religiosos en las realidades de los credos históricos y de esta suerte conservarlos? Esto se intenta conseguirlo por el camino kantiano, por la vía moral, extrayendo de la severidad de la exigencia ética la seguridad del mundo religioso de la fe; inténtase también por el camino de la mística que coloca los objetos religiosos a una luz crepuscular tan confusa que resulta imposible demostrar su realidad, y con esto ya la considera probada; inténtase también con los medios del catolicismo, el cual intercala entre el individuo y la salvación su organización enorme, de suerte que la salvación participa de la fuerte realidad de la Iglesia, única vía de salud, y con ello queda eliminada la responsabilidad del individuo en el acto de fe.

Pero el camino del espíritu parece ser el prescindir definitivamente de todos esos medios e intercesiones, y presentar y arriesgar todos sus credos ante la rigurosa y cruel pregunta de si son o no reales. No cabe duda sobre cuál ha de ser la respuesta respecto de los credos históricos; es más, respecto de todos los otros que admitan también en principio un Dios trascendente, puesto al mundo.

Pero como también es indudable que las energías que han creado y encumbrado esas formas no participan de su caducidad, parece que el destino de la religión camina hacia esa mutación radical que pudiera ofrecer a dichas energías una forma activa y valoración distinta de la creación de figuras trascendentes y de su relación con ellas, y que volviera a la naturaleza religiosa del alma aquel valor metafísico, que había segregado de sí misma, para vivir en él su vida.

La personalidad de Dios

Las discusiones acerca de la existencia de Dios desembocan frecuentemente en la declaración del que afirma positivamente que no puede decir que sea Dios, pero cree o sabe que Dios existe. La idea que de Dios tienen los místicos no es la de que Dios sea la *nada*. El místico no quiere predicar de él nada determinado que, por fuerza, sería algo unilateral, limitador, excluyente, negador, por tanto, de la omnicomprensión y omnipresencia, de la absolutividad de lo divino; lo que el místico quiere decir cuando afirma que Dios es nada es que Dios no es algo particular, sino, por el contrario, el todo.

La primera afirmación no implica este sentido panteísta, y sí el admirable absurdo que supone el afirmar la existencia de algo respecto de lo cual nada se sabe en qué pueda consistir. Se podría objetar inmediatamente: ¿y con qué derecho llama usted Dios a eso? Dios sería una palabra vacía en caso de afirmarse su realidad sin, al mismo tiempo, mostrar lo que haya dentro de esa realidad.

Para el hombre moderno el concepto de Dios, que ha cobijado tantos y tan heterogéneos contenidos históricos, y tantas posibilidades interpretativas, se reduce a un sentimiento que ya no hay manera de condensar en contenido alguno; algo, en fin, mucho más general, todavía, que lo que sería el concepto abstracto que obtuviéramos reservándonos lo común a todas esas distintas delimitaciones del concepto de Dios. Podría caracterizarse esta actitud como extremo de la fe; por decirlo así, no se hace sino creer, lo que actúa en el alma es la forma de la fe, en cuanto tal, sin que haya manera de adivinar su contenido.

Mirándolo desde el punto de vista del objeto, la cuestión óntica ha logrado el primer rango en la lógica de la conciencia religiosa, la existencia ha acabado, por decirlo así, devorándose su contenido; una actitud que se inicia ya en Parménides, para quien no es más que el ser único, omnicomprensivo, mientras que todas las determinaciones especiales, todo lo que es esto y aquello, son inesenciales, naderías. Todo el interés se concentra en el ser de Dios y, por muy extraño que suene en nuestra formulación abstracta, lo que él sea desaparece en el abismo de esta idea existencial.

Los dos aspectos, el objetivo y el subjetivo, se implican; el objeto de la creencia es el ser. El qué y el cómo lo construyen el entendimiento, la intuición, la tradición; pero lo que estas instancias producen permanece todavía en el dintel, dentro de una conceptuación ideal y problemática. La fe es la que primero llega a la tierra firme del ser, que no es asequible al entendimiento ni a la fantasía con sus determinaciones puramente cualitativas y cuantitativas. La fe es, como quien dice, aquel órgano de los sentidos que nos aporta el ser en cuanto tal.

Esta implicación según la cual el ser no es asequible más que a la fe y ésta, si se la considera bien, se orienta e interesa sólo por el ser, representa uno de los polos de la conciencia religiosa. En el otro, se congregan las energías psíquicas que edifican el mundo religioso con sus contenidos, con determinaciones del ser divino, de los actos divinos, de los imperativos de la conducta.

A pesar de que, en la realidad vital de la religión, ambos elementos, los contenidos religiosos y la fe en ellos, se ofrecen en unidad inmediata, se destacan como distintos al análisis, y no sólo para él. Porque polarmente, también, y en esos mismos polos, se enfrenta el hombre religioso, sin más, y el filósofo de la religión.

Para el primero lo esencial es la fe, mientras que su contenido, aunque llegue a sacrificarse por su verdad, no pasa de ser, relativamente, algo secundario; por eso, la indiferencia que muestran muchas personas profundamente religiosas respecto de cualquier dogma y como, por otra parte, éstos dependen del accidente infinitamente variable de la situación histórica, siendo así que, por el contrario, el *ser religioso* de todas estas personas consagradas a los más diversos contenidos de creencia es, sin disputa, esencialmente igual. Su fe óntica es la misma, a pesar de toda la discrepancia de los contenidos.

Por el contrario, para el filósofo de la religión estos contenidos se convierten en objeto de construcción, de explicaciones psicológicas, de crítica lógica, y en este sentido, le es indiferente que sean o no creídos, que sean o no reales, como, *mutatis mutandis*, le pasa al matemático con las figuras geométricas, que las maneja sin preocuparse en lo más mínimo de si se encuentran reproducidas en el espacio real y sin cuidarse del papel que esas figuras y las leyes por él descubiertas jueguen en los procesos de la conciencia práctica.

Manteniéndome, pues, en los términos de esta filosofía que no se compromete a ninguna decisión religiosa, porque se reduce a enjuiciar inmanentemente los contenidos religiosos –acerca de su sentido, de sus conexiones, de su lógica dignidad y no acerca de su realidad–, emprendo esta investigación sobre el *concepto de personalidad de lo divino*. Acaso, ningún otro concepto del mismo campo ha sido objeto del embate decidido de los puntos de vista más contrarios; para la "ilustración", ese concepto personalista es una prueba de que la religión no es, ni más ni menos, que la divinización de lo humano, mientras que en el panteísmo y la mística lo rechazan por antropomorfista. Pero hay una perspectiva superior que se cierne sobre las dos anteriores. Es posible que el ser personal del hombre haya dado ocasión para el engendro psicológico de un Dios personal, pero su fundamento lógico y metafísico no depende de ello.

Revisión de la entidad personal

¿Qué es la personalidad? En mi opinión, la culminación de la forma del organismo corporal mediante su prolongación en la existencia psíquica. El organismo constituye una sección de la existencia física, aquella en la que sus partes mantienen reciprocidades más estrechas que en cualquier otra conexión inorgánica de elementos. La vida circula dentro de un ámbito cerrado en el que cada parte condiciona a todas las demás y, en razón de esta conexión dinámica, la caracterizamos como unidad. En este sentido, ningún ser inorgánico puede ser calificado de unidad. Una roca o un lingote son "uno" en sentido numeral, es decir, que representan un ejemplar del concepto que les conviene; si los dividimos mecánicamente, cada trozo continúa siendo piedra o metal, y es unidad en el mismo sentido que lo fue el todo primero, mientras que ninguna de las partes obtenidas de un ser vivo es unidad en el sentido en que lo era este ser.

Pero este condicionamiento recíproco de los elementos del organismo en su forma y funciones no es absoluto, ya que el ser vivo mantiene un intercambio constante con su medio; recibiendo y dando, esto es, incorporado a un todo mayor, de forma que no puede ser considerado como unidad en un sentido riguroso, quiere decirse, como algo que se basta a sí mismo y que puede ser comprendido exhaustivamente por las relaciones entre sus partes. Pero al aparecer el alma consciente dentro del organismo, sus contenidos ofrecen ya un grado de coordinación y recíproco condicionamiento que rebasa el de la unidad corporal. Ello se debe a una diferencia fundamental entre lo psíquico y lo corporal.

En lo corporal, la causa desaparece en el efecto; una vez que aparece éste aquélla se ha extinguido, de tal suerte que no es posible tan siquiera concluir con seguridad del efecto la causa. También en lo espiritual existe este tipo de casualidad, pero, además de ella, o, mejor dicho, dentro de ella, existe también otro tipo que designamos como *recuerdo*. Éste supone que el suceso anterior no solamente es causa, en el sentido antedicho, esto es, que no sólo deposita su *cuantum* de energía, su riqueza, sus condiciones en un efecto que, acaso, ofrece un aspecto morfológico completamente diferente, sino que vuelve a aparecer como suceso posterior con su propio contenido, conservando, por así decirlo, su identidad morfológica. Mientras que todo efecto físico puede ser provocado, en principio, por un gran número de causas bien distintas, la representación recordada, en la medida que lo es, no puede tener más que una sola causa: la representación, de contenido igual, que fue consciente en un momento anterior, con la salvedad, naturalmente, de que el curso anímico transcurrido entre los dos momentos y toda la constitución psíquica que ahora coopera le permitan ser recordada. De aquí resulta una constelación peculiarísima. Mientras que el curso del tiempo, en cuanto tal, hace de lo pasado, sin permitirle más que su efecto sobre lo posterior, que éste no contesta iniciando la influencia recíproca, el recuerdo acoge lo pasado en presente colocándolo así en una relativa indiferencia frente al curso del tiempo.

Ahora bien, los elementos de la conciencia están condicionados necesariamente por elementos de la conciencia, es decir, que para pensar o representarnos la corriente continua de nuestra vida interna tenemos que figurarnos que sus contenidos, cristalizados en nuestra abstracción en representaciones aisladas, delimitadas, se modifican mutuamente y, de este modo, el presente del hombre viene a ser, en total, el resultado de su pasado.

Ahora que, como el recuerdo, por su parte, hace de lo pasado presente, también este pasado, revivido en esta forma, será influido por los elementos representativos posteriores y actuales. Esto quiere decir que la casualidad unilateral, prospectiva, que se desenvuelve en el tiempo, dentro de la vida psíquica, se convierte en acción recíproca.

Como la vida psíquica conserva el contenido idéntico y permanente de lo pasado en el recuerdo, ocurre la aparente paradoja de que el presente actúa sobre el pasado, y, al mismo tiempo, el pasado sobre el presente. En cada situación de nuestra conciencia el contenido producido de momento es, por lo general, un mínimum; en su parte principal se nutre de representaciones recordadas, y el cuadro total resulta de la acción recíproca o es la acción recíproca entre esas representaciones recordadas, que en cierto modo, representan toda nuestra vida hasta el momento, y lo producido actualmente. De este modo, nos encontramos, dentro del radio de nuestra conciencia, con una reciprocidad de acciones y, por ende, con una unidad orgánico–personal que supera, por mucho, en suficiencia a la unidad de nuestro ser corporal. También tendremos que suponer que las representaciones inconscientes, sobre las cuales se apoyan de alguna manera las conscientes, se hallan en permanente acción recíproca.

No cabe duda que es falsa la idea que se hace la psicología mecanicista que convierte las representaciones en *seres* que emergen y se hunden, se asocian o se separan, etc. Semejante idea pudo producirse abstrayendo de la corriente continua y unitaria de la vida interna aquellos contenidos que son lógicamente expresables, revistiéndolos de una especie de cuerpo; como así aparecen con cierta independencia, podemos figurarnos que son ellos los que constituyen esa vida interna.

La representación, como algo delimitado, que actúa o padece por sí mismo, es un puro mito, sugerido por la analogía de la física atómica. Sin embargo, no veo, por ahora, manera de evitar esta duplicidad en el sentido de lo anímico; se trata, por una parte, de un proceso en serie que se desarrolla en la unidad, sin dimensiones, de la vida, y, por otro, de un complejo de contenidos yuxtapuestos que deben ser pensados manteniendo múltiples relaciones. Aunque no perdamos de vista el carácter exclusivamente simbólico y figurativo de esta segunda parte, aunque no creamos que una representación se conserva, como en una especie de cámara frigorífica, *tale cuale* hasta su reaparición, como el actor que espera la señal entre bastidores, no por esto se puede prescindir de algún tipo, por muy misterioso que sea, de firmeza o perduración. Como esta perduración afecta a infinitas representaciones y ninguna de ellas, al reaparecer, muestra una absoluta identidad de contenido, es menester suponer que han ocurrido modificaciones recíprocas durante el estado de latencia.

Los elementos psíquicos, que subsisten de alguna forma más allá de la conciencia, se encuentran en una incesante interacción y se van pulimentando mutuamente hasta formar la unidad que nosotros llamamos personalidad. Porque ésta no consiste, sencillamente, en un centro permanente, sino en un compenetrante, en una asimilación funcional, en una transmisión, asociación, confusión dentro del ámbito de todos los contenidos representativos.

En oposición, por tanto, con el elemento psíquico, que consideramos aisladamente y que, en este sentido, se nos aparece como no localizado y a la intemperie, surge y crece nuestra personalidad como aquel acontecimiento que nosotros señalamos con la forma simbólica de la interacción entre todos los elementos. Seríamos personalidades completas, formalmente consideradas, si esta interacción ofreciera un aspecto cerrado, es decir, que todo acaecer psíquico de esas representaciones. Pero éste no es el caso. Con nuestra alma, lo mismo que con nuestro cuerpo, estamos intrincados en el mundo exterior; en nuestra alma se producen efectos que pueden explicarse por ella sola, y parece también que ciertos acaeceres internos desbordan hacia afuera sin haber agotado todas sus posibilidades de acción en el curso psíquico. Y en la misma medida en que nuestro cuerpo no basta para llenar el concepto puro de organismo, en la misma medida nuestra alma tampoco llena el de la personalidad. Puede ser que semejante concepto haya nacido psicológicamente de la experiencia acerca de nosotros mismos, pero, por su sentido, se trata de una idea, de una categoría que no es colmada por ningún ser empírico individual.

El hecho de que nuestra existencia tiene como forma un curso temporal y que, por esta razón, tiene que recordar para provocar la interacción, siempre fragmentaria, de sus contenidos, impide que se forme aquella unidad de los contenidos que nosotros pudiéramos designar como personalidad en sentido absoluto.

Substracción temporal de Dios

Y así como la idea de organismo no se realiza absolutamente más que en una única representación, la del universo mundo, ya que éste sólo es quien, por definición, nada tiene fuera de él que pudiera interrumpir la perfecta y cerrada interacción de sus elementos, así también el concepto de Dios es la auténtica verificación de la personalidad. Porque Él, tal como es pensado por una religiosidad metafísicamente trabajada, no conoce *recuerdo* alguno en la forma humano–temporal, que implica siempre su contrario: el olvido. Para Él no existe pasado alguno que habría de aportar, sólo fragmentariamente, sus contenidos a la interacción del estado actual; para quien no le es menester recordar no existe tiempo alguno, la totalidad y unidad de su ser no se desperdicia en la lagunosa fragmentación de la dis-tracción temporal.

Lo que se ha llamado la eternidad de Dios, ese estar sustraído al tiempo, es la forma dentro de la cual es posible su absoluto ser personal. Con esto no se humaniza a Dios, sino que, al contrario, se señala aquello que el hombre no puede alcanzar: la intrincación y suficiencia absoluta de todo el contenido de la existencia. Un ser que no es sino parte de un todo, como ocurre con el hombre, nunca podrá ser una personalidad completa, ya que se nutre de fuera y hace entregas hacia fuera, lo cual representa, en forma yuxtapuesta, lo mismo que en forma sucesiva representa la necesidad para nuestra existencia del recuerdo: ningún momento se cierra realmente en sí mismo, sino que se abre al pasado y al futuro; por tanto, ningún momento es completamente él mismo.

Es absolutamente falso que Dios sea personalidad en la medida en que el hombre lo encierra dentro de su propia limitación. Porque, precisamente, lo que limita al hombre, el no ser más que la parte de un todo en lugar de ser un todo, y que su existencia no forme una unidad porque se esparce en el tiempo, porque se distrae en momentos temporales enlazados mediante el recuerdo, esto es, precisamente lo que impide al hombre ser persona en absoluto. En la medida que la idea de Dios es un todo efectivo, un plantarse fuera del tiempo, la unión absoluta de todos sus momentos de existencia, en la medida, por tanto, que rebasa la propia medida humana, cumple con las exigencias del concepto de totalidad.

Del mismo modo que condensamos nuestra propia unidad imperfecta en un yo que ella alberga en forma misteriosa, así también la unidad efectiva del ser cósmico cristaliza en un yo absoluto: la personalidad absoluta. Si decimos que Dios –como personalidad– es la personalidad como Dios, ella es verdad, ahora que no se trata de la pequeña personalidad del hombre, sino de la gran personalidad del mundo, que verifica las condiciones de la personalidad que el hombre no logra y da satisfacción así al sentimiento religioso. Como lo que interesa a este sentimiento es la forma total, más allá de todas las individualidades que conjunta, su objeto es Dios, que es en lo que va a parar este sentido de totalidad.

Esencia panteísta de Dios

Insistamos: que Dios exista, o que se crea o no en Él, nada importa para esta pura determinación ideal de su concepto. Pero no es menos cierto que la alternativa eterna entre la concepción panteísta y la personalidad de lo divino se asienta en nuevas bases. Si se maneja con rigor el concepto de personalidad, de forma que signifique, no la limitación de nuestro ser, sino, por el contrario, aquello en que nuestro ser participa en medida restringida, esto es, aquello que nosotros no somos por limitados, comprenderemos que no puede realizarse más que en un ser absoluto, que, o coincide con la totalidad del mundo, *subtantia sive Deus*, o representa el momento de totalidad del mundo. La concepción panteísta origina problemas y contradicciones del concepto de Dios que son resueltos con el concepto de personalidad.

La significación de lo divino reside, para la mayor parte de toda la historia de la religión, en que Dios se enfrenta al creyente y a su mundo. El Dios al que nos entregamos es, antes que nada, el todopoderoso; este motivo –en la superstición más grosera lo mismo que en la más sublime especulación cristiana– supone cierta independencia de lo existente, en el que el poder se manifiesta formándolo, sobrepujándolo, dirigiéndolo; un Dios que formara unidad con la existencia no podría gozar de poder alguno, pues éste carecería de objeto.

No menos necesario es este enfrentamiento entre Dios y el ser individual para el tema del amor. Cuando la pasión mística pretende fundirse con su Dios, borrando todas las fronteras, puede que de ese modo se sienta más inmensa y profunda y beata en su amor; pero al llegar el momento de la plena posesión, la pasión no tendría objeto, porque la unidad absoluta no podría sentirse más que a sí misma.

Al desaparecer por completo la dualidad desaparecería también la posibilidad del dar y del tomar, del amar y de ser amado que, tal como está fabricada el alma, es condición también de la beatitud religiosa. A pesar de la posesión, en algún pliegue del alma palpita la nostalgia, y el reposo en Dios se logra siempre a través de un perpetuo alejamiento. Esta dualidad que exigen el amor y, sobre todo, el poder, no se compagina con la absolutividad de la naturaleza divina. Porque toda independencia de las cosas, este su no ser Dios, significa una limitación de su poder que, como sabemos, no admite límites. Ningún gorrión cae del tejado sin la voluntad de Dios, lo que no quiere decir que Dios, como espectador pasivo del curso del mundo, no tenga reparo que ponerle, sino, más bien, que Él es la fuerza actuante, provocadora, en todo acaecer.

Ahora bien, como todas las cosas se encuentran en movimiento incesante y toda la aparente materialidad se reduce a puras oscilaciones, ¿habrá algo donde Él no existe? Si el mundo es movimiento y Él mueve cada movimiento, el mundo nada es fuera de Él. La obra producto de la voluntad humana no se reduce, ciertamente, a esa voluntad; representa algo distinto de ella; esto se debe a que el hombre se encuentra de antemano con un ser, con un material sobre el que actúa. Pero si Dios es, efectivamente, omnipotente y todo es por su voluntad, nada habrá fuera de Él, Él será ser y devenir de todas las cosas. Por esta razón, parece absolutamente arbitrario hacer depender de su voluntad, en grados diversos, los distintos puntos de la realidad, diciendo que estos y aquellos fenómenos nos muestran el *dedo de Dios*, mientras que otros se sustraen a Él, están como dejados de la mano de Dios. ¿No vale esto tanto como transbordar a la realidad las diferencias y distinciones peculiares a nuestros conocimientos, la alternativa de ceguera y acuidad de nuestra mirada? Si el punto de la realidad manifiesta la voluntad divina, igual debe ocurrir con todos los demás.

La rigurosa conexión regular del cosmos, por un lado, y la unidad de Dios, por otro, impiden que los diversos distritos del mundo guarden con Dios una relación distinta. Si la caída del gorrión es voluntad de Dios, la consecuencia inevitable es que el mundo está absorbido en la unidad de Dios sin que haya entre los dos posibilidades de enfrentamiento alguno.

Este proceso dialéctico que lleva el concepto consecuente de Dios al plante panteísta, pero que no puede hacer alto en él, por la sencilla razón de que hay valores religiosos imprescindibles que van ligados a la dualidad y existencia separada de Dios y el mundo, de Dios y el hombre, penetra y conmueve lo más profundo de todas las religiones que abordan con seriedad el carácter absoluto del principio divino. Quizá no haga falta una conciliación de estos juegos contrarios; quizás el ir de uno a otro de estos dos procesos sea la única expresión adecuada de nuestra relación con el infinito, que no debiéramos pretender encerrar en una fórmula unitaria. La idea de Dios en que esta constelación encuentra, en cierta medida, su símbolo visible, es la de su personalidad, porque, por esencia, la personalidad supone que una cantidad ilimitada de contenidos, poseedor cada uno de cierta independencia; se consideran, sin embargo, como contenidos o productos de una unidad que los abarca a todos. El yo abarca cada uno de sus pensamientos, sentimientos, resoluciones como algo posible y real sólo en él, como el latido de su ser, y, sin embargo, se enfrenta a cada uno de estos contenidos como algo que no se resuelve en ellos. Pero tampoco el contenido se resuelve en el yo, puesto que éste juzga cada contenido, lo acepta o rechaza, se hace o no dueño de él: el haber nacido del yo y el formar parte de su vida constituyen esa peculiar relación de pertenencia que no impide la distancia ni la libertad. Así como en la vida corporal el miembro se halla unido al organismo entero de otra manera, es decir, más estrecha y más libremente que lo que está una parte respecto de la totalidad en un sistema mecánico, esta contradicción cobra tensiones mucho mayores dentro de lo psíquico.

Cuanto mayor sea el grado en que nos sentimos como personalidad, en tanto mayor grado nos conceptuamos independientes de cada contenido individual y en tanto mayor grado el yo es arrebatado por uno de esos contenidos; pero también es verdad que con tanta mayor independencia se mantiene cada contenido, y con tanto mayor vigor contrapone al yo de sus derechos lógicos y éticos, dinámicos e históricos para no ser envuelto y revuelto de su destino particular. Y, sin embargo, cuanto más personalidad somos tanto más se tiñen nuestros contenidos del color de nuestro yo, y resultan más característicos y reconocibles como de nuestra pertenencia, es decir, que el yo se hace cada vez más soberano, no sólo por lo que respecta a su independencia respecto de los contenidos particulares, sino también en cuanto al señorío que ejerce sobre ellos.

Toda personalidad lleva consigo este doble juego; es lo que la diferencia por completo de otros fenómenos emparentados exteriormente con él, como, por ejemplo, el Estado, pues, por muy omnipotente que sea el Estado, no puede abarcar más que cierta parte de la existencia total de sus ciudadanos. Las categorías lógicas ordinarias fracasan ante la forma existencial del alma arribada a persona: no es posible describir, sólo es posible vivir como cada elemento psíquico tiene sus raíces en el yo, y éste vive a su vez en lo más hondo de cada uno de estos contenidos, contraponiéndose, sin embargo, los contenidos y el yo para disfrutar de toda la gama de proximidad y distancia, de contraste e identificación: en todo nuestro mundo de representaciones no existe más que una sola analogía con esta vivencia: lo que supone la relación, para la lógica tan problemática, entre Dios y el mundo. Que esta simultaneidad de dualidad y unidad que la conciencia religiosa vive constantemente no es un contrasentido, nos lo garantiza nuestra vivencia de la personalidad. Con arreglo a esa relación doble, Dios, para poder ser pensado, tiene que ser pensado como personalidad: como unidad y vida de lo existente: que se cierne sobre todos sus productos particulares, en los que ejerce su poder, pero a los que, a intervalos, no domina, que vive en cada uno y, sin embargo, como guardando la distancia, una distancia que ofrece infinitos peldaños que van del alejamiento total o caída hasta la fusión más íntima. Al significar la personalidad centro y periferia, totalidad unitaria y parte, y la peculiarísima relación entre las dos, la personalidad de Dios, lejos de estar en contradicción con el panteísmo, es un panteísmo vivo.

Y tampoco se trata de un antropomorfismo, como no lo era aquella primera determinación de la personalidad como interacción suficiente de los elementos. Porque si es verdad que esa relación entre el todo y el individuo, que consiste en un simultáneo abarcar y apartar, no la vivimos más que en nosotros mismos, por su sentido es una forma de ser general y no vinculada con exclusividad con una existencia determinada, una forma de ser que puede ser realizada en grados muy diversos de perfección, una categoría bajo la cual subsumimos el hecho inmediato de nuestro existir patente y expresable.

Existe antropomorfismo cuando trasladamos a lo trascendente un concepto derivado de la experiencia y existencia humana, en cuanto tal, y vinculado conceptualmente con ella. Pero cuando, por el contrario, un concepto, en razón de su sentido, se cierne sobre la existencia humana, significando algo ideal y absoluto que nos sirve para interpretar y aclarar esta existencia por la participación mayor o menor en esa idea, ante este tipo de concepto se nos ofrece lo divino como la única posibilidad legítima de pensar en la verificación de su absoluta significación.

Se podrá rechazar, por principio, la creencia en lo divino, pero, independientemente de toda creencia, el hecho de caracterizarlo como personalidad, a tenor de su idea propia, no supone, en modo alguno, un antropomorfismo. Al contrario, supone más bien la subordinación del yo humano bajo el concepto absolutamente universal de un tipo de existencia respecto del cual todas las existencias particulares no son más que un ejemplo individual, limitado, mientras que Dios supone su realización absoluta frente al mundo.

Sentido trascendente de Dios

Finalmente, podemos contemplar esta idea esencial de la personalidad en una forma, por decirlo así, más colectiva. La característica definitiva del espíritu personal se me figura ser esa su autodisyunción en sujeto y objeto, porque son una misma cosa su capacidad, para llamarse a sí mismo "yo" y a los demás "tú", y su autoconciencia, que convierte la función suya propia en contenido de sí mismo.

Con la autoconciencia la vida se escinde y se vuelve a encontrar; con lo cual, naturalmente, expresamos en sucesión temporal un acto, en realidad, unitario. El hecho fundamental o, si se quiere, el milagro del espíritu, lo que lo convierte en espíritu personal, es que, permaneciendo en su unidad, se enfrenta, sin embargo, consigo mismo; la identidad del que sabe y de lo sabido, como es el caso en el saber del propio ser, del propio saber, constituye un protofenómeno más allá del antagonismo mecánico–numeral de unidad y dualidad.

El cambio de la vida, en el que cada momento posterior del ser vive del anterior, y vive una vida distinta y, sin embargo, una sola vida es vivida en los dos momentos, y en el cual lo producido prolonga lo productor, y aquél es otra cosa y, sin embargo, en algún modo la misma. Este camino que se extiende en el tiempo se reconcentra en la autoconciencia o encuentra en ella su forma fundamental intemporal. Lo que diferencia en lo profundo un organismo de un mecanismo, el hecho de que una pluralidad se halle recogida en unidad o que una unidad se desenvuelva en una vida múltiple en el espacio y en el tiempo tratándose del espíritu personal, de la conciencia de sí mismo, se concentra, por decirlo así, en un punto. Porque esa interacción que constituye de modo general la esencia de lo vivo y del espíritu en la autoconciencia, siendo el sujeto su propio objeto, logra su forma absoluta.

De este modo parece expresada con la mayor pureza la forma en que suele simbolizarse la unidad del ser divino. Se ha afirmado por algunos historiadores de la religión que no ha existido ningún monoteísmo completamente puro. Parece que lo divino lleva consigo una tendencia irrefrenable a la división, ya se acompañe de serafines o de espíritus. Y su unidad más perfecta, tal como es sentido en el panteísmo y, en parte, en la mística, supone, al mismo tiempo, su más perfecta disolución en la diversidad de los fenómenos reales. Con esto creo yo que se nos ofrece una aproximación al concepto de personalidad que, no hay que negarlo, habrá de cuidarse que no se contamine de antropomorfismo.

La autoconciencia, según la cual el pensamiento, no obstante permanecer en unidad, se divide para convertirse en su propio objeto, constituye el hecho fundamental del pensamiento en general y su tipo abarcador, su forma más pura y segura, en cierto modo, el esquema previo para el pensar de un contenido individual cualquiera. El gran misterio del pensamiento, cómo será posible que constituyendo un proceso que permanece en sí mismo pueda tener un objeto, cómo es posible que con la pura subjetividad de su cargo pueda adscribirse algo que se le enfrenta, se aclara pensando que ya posee en sí mismo, como autoconciencia, esté en sí y fuera de sí, este hermetismo y esta inclusión de lo frontero, se explica considerando que la identidad de sujeto y objeto constituye la forma de su propia vida.

Así se nos muestra, claro que dentro de la categoría del humano pensar, la forma ideal de aquella división que experimenta lo divino sin por ello perjudicarse en su metafísica unidad, y esto en tanto menor grado cuanto mayor sea el desarrollo religioso. Por esta razón, toda la especulación filosófico–religiosa se encuentra atravesada por el motivo de la autoconciencia de Dios que, muy a menudo, no es sino otra expresión para la personalidad de Dios. No es posible pensar como unidad pura y simple el principio de lo divino, porque esa unidad es estéril para nuestra capacidad representativa; para pensarlo como unidad habrá de hacerse en la forma implicada por la personalidad consciente; escindirse en sí misma y ganar así un objeto que es un movimiento, eficiencia, vida y que permanece, sin embargo, encerrado en la unidad a que pertenece; y ya es indiferente que con tanta fantasía especulativa convirtamos este hecho en especie de panteón inmanente, como ocurre con la trinidad cristiana, o en una especie de panteísmo para el que la riqueza del proceso cósmico no es otra cosa que esta distensión de la unidad divina hacia su propio objeto, como apunta la mística de Spinoza al decir que nuestro amor a Dios no es sino una parte del amor con que Dios se ama a sí mismo. Pero este concepto de la personalidad exige, so pena de caer en antropomorfismo, un alto grado de abstracción.

El sentido últimamente resaltado parece vincularlo exclusivamente con el espíritu; pero lo divino no puede ser reducido a este concepto. Porque designar a Dios como espíritu no es otra cosa que un materialismo a la inversa y, como éste, la absolutivización de una determinada sustancia.

Para poder hablar de la personalidad de Dios habrá que considerarla como una forma tan general que la autoconciencia espiritual, que es la única que empíricamente nos es accesible, no constituya más que un caso especial. La única manera en que poseemos la experiencia de que un sujeto sea su propio objeto es, sin duda, la autoconciencia del espíritu. Pero será menester separar de esta forma de relación ese sustrato especial si queremos que sea atribuida a un ser absoluto, a un ser en el que la existencia encuentra su totalidad. No nos es posible hacernos una idea más clara que nos patentizara lo que conceptualmente es de rigor.

INFERENCIA FINAL

Si es una representación forzosa del ser divino que, por encima de la unidad muerta, debe poseer un otro con el que se encuentre en una interacción viva, sin que este otro le rompa, sin embargo, su unidad, sino que permanezca siendo *lo mismo* en esta relación –es decir, que sujeto y objeto sean idénticos–, ello se realiza en la forma de la personalidad, pero en manera alguna de la personalidad humana. No se trata de una transposición antropomórfica en Dios de la limitación humana a la mera conciencia de la unitaria dualidad, sino al revés, la personalidad es aquella característica formal o, si se quiere, abstracta, cuya realización plena no cabe más que para un ser absoluto, mientras que una realización menos plena, unilateral, espiritual, está representada por nuestra vida. Si se entiende bien, se podrá decir, no que Dios es el hombre en grande, sino que el hombre es Dios en pequeño.

Con esto marcamos de nuevo el principio que guía nuestra investigación. El orden y valorización de las realidades de nuestra vida lo conseguimos en virtud de un complejo de ideas cuya conciencia se destaca, sin duda, psicogenéticamente del estado accidental y fragmentario de la vida empírica, pero que, por su sentido, poseen una independencia ideal y una suficiente perfección, de las cuales derivan nuestros contenidos reales, por una especie de sustracción, su denominación, su medida, su forma particular. Saber si ello sucede y en qué medida es cuestión de pura facticidad que para nada influye en la constatación de aquellas categorías, en sus conexiones de sentido, en su significación lógica y normativa.

Pero cuando queremos pensar un ser divino en atención a sus contenidos, es decir, a qué sea, habrá que acudir a esas ideas en su forma absoluta y pura. No puede tratarse de una diferencia de grado, como si Dios poseyera más poder, más justicia y más perfección que el hombre; semejante potenciación tiene raíces claramente humanas y es mero antropomorfismo. Para el creyente, Dios es la idea del poder, de la justicia, de la perfección en forma real; su contenido, el de Dios, es inmediatamente aquello que se cierne sobre la existencia relativa de los hombres como sus categorías ideales, como siendo la pura significación de donde recibe su significación y su forma nuestra vida relativa, imperfecta y mixta.

Me equivocaría mucho si lo que acabo de señalar, que lo esencial no es que Dios está sobre los hombres sino que el hombre está debajo de Dios, no constituyera un elemento en todos los seres de religiosidad cultivada; lo primero es lo obvio, lo segundo es la propia fuente del sentimiento religioso y de la misión del hombre. En la relación Dios y hombre, el segundo miembro es algo relativo; pero el primero, absoluto, a saber, la realidad de aquel ideal con arreglo al cual el hombre atribuye forma, medida y sentido a la relatividad de su ser. Que se haya o no de creer en esta realidad es cuestión de religión, pero no de filosofía religiosa, que no puede ocuparse sino de aquello que para el hombre religioso, por muy paradójico que parezca, es a menudo secundario: *de qué* sea lo divino y no de si *es*. Mi propósito fue mostrar con el concepto de personalidad, por lo mismo que parece proceder del hombre, aquella zona que puede únicamente ofrecernos las determinaciones propias de la esencia divina.

El concepto de personalidad tiene que ser abarcado en su núcleo y con toda pureza para que se nos muestre como perteneciente a aquel orden que no recibe sentido desde abajo, sino al revés, da a éste forma y sentido, cerniéndose sobre los particulares contenidos en forma análoga o como, para el creyente, se cierne el ser de Dios sobre el ser de los hombres. Pero ambas cuestiones son tan independientes, pertenecen a órdenes objetivas tan distintas y se nutren de fuentes tan distintas del alma, que la filosofía de la religión puede afirmar muy bien que Dios es personalidad sin que le haga falta para nada afirmar que Dios es. *Manteniéndose* en este terreno, no puede ser confundida con una especulación ilegítima que pretende descubrir el ser real, sin bastarle el orden ideal del contenido de ese ser.

Cuando la filosofía de la religión abandona toda competencia desleal con la religión, goza de los derechos de un cuadro que representa la lógica interna, el sentido de los detalles y de las conexiones de un mundo plástico al que la forma artística aleja de toda pretensión de accidental realidad; la especulación se parece a ese cuadro, porque con medios suficientes para la construcción de un mundo ideal, pero no para la del real –lo mismo en el sentido de la empiria como en el sentido de la fe– trata, no obstante, de reemplazar las fuerzas productivas de este último.

MUERTE E INMORTALIDAD

Lo que ante todo distingue al cuerpo inorgánico del vivo es que la forma que lo delimita le es determinada desde fuera, ya sea en el sentido más extrínseco de que cesa porque otro comienza, se opone a su expansión, lo aplasta o rompe, ya sea por influencias moleculares, químicas o físicas, como, por ejemplo, la forma de la roca se elabora por erosión, la de la lava por consolidación. En cambio el cuerpo orgánico se da su figura desde dentro; deja de crecer cuando las fuerzas formativas nacidas con él llegan a su límite, y éstas determinan constantemente el modo especial de su extensión. Las condiciones de su esencia en general son también las de su forma ostensible, mientras que para el cuerpo inorgánico se hallan fuera de él. El misterio de la forma estriba en que ésta es límite; es al propio tiempo la cosa misma y la cesación de la cosa, la demarcación en que el ser y el ya–no–ser de la cosa son uno. Y el ser orgánico, a diferencia del inerte, no necesita a otro para ese trazado de límites. Ahora bien, su límite no es solamente espacial, sino también temporal. La circunstancia de que lo vivo perezca, de que el perecer esté puesto ya en su naturaleza misma (siendo indiferente que sea por necesidad comprendida o todavía no comprendida), hace que su vida adquiera una forma. La comprensión de la significación de la muerte depende totalmente de que nos desprendamos de la representación de las "Parcas", en que se expresa su aspecto corriente; como si en un determinado momento del tiempo se "cortara" de una vez el hilo de la vida que hasta entonces se había venido hilando como vida y exclusivamente como vida; como si la muerte pusiera a la vida su límite en el mismo sentido en que el cuerpo inorgánico termina espacialmente por la circunstancia de que otro, con el cual nada que ver tiene, se desplace hacia él y determine su forma –como "cesasión" de su ser–; el esqueleto que desde fuera se acerca al vivo es el símbolo justo de esa concepción mecanicista. A la mayoría de los hombres, la muerte les parece una profecía oscura que pende sobre su vida, pero que nada tendrá que ver con la vida hasta el momento de su realización, como sobre la vida de Edipo la de que en algún momento dará muerte a su padre. Mas en realidad la muerte está unida a la vida de antemano y desde dentro. Voy a dejar primero de lado la disputa biológica: si los seres unicelulares son inmortales, pues se limitan a dividirse en otros seres a su vez totalmente vivos, sin que jamás, como no sea por intervención de una fuerza extraña, dejan un cadáver, de suerte que la muerte no sería más que un fenómeno que se incorpora a la vida en el caso de los organismos pluricelulares, o si aun en esos seres acaba pereciendo una parte a toda la sustancia corporal. Aquí nos importan sólo los seres que mueren y cuya vida no se halla con la muerte en una relación menos íntima porque la forma de vida de otros seres no está condicionada de antemano de igual modo. Tampoco la sintonización de nuestra vida con la muerte y su determinación universal por ésta quedan desmentidas por el hecho de que la vida normal ascienda durante algún tiempo, cada vez más y por decirlo así se haga vida cada vez más viva; sólo después de un punto culminante de su desarrollo –que en cierto sentido parece hallarse más lejos de la muerte que cualquier otro anterior– comienzan los primeros signos visibles de descenso. Mas esa vida que se hace más plena y más intensa se halla al fin y al cabo en un engranaje de conjunto que apunta a la muerte. Como el metabolismo consiste en asimilación y desasimilación y el crecimiento requiere el predominio de la primera sobre la segunda, ya inmediatamente después del nacimiento se observa un franco descenso de la asimilación; es decir, aun cuando siga siendo suficiente para provocar el fenómeno del crecimiento, ya durante el período de crecimiento resulta cada vez relativamente menor, y ya en la temprana juventud comienza aquella pigmentación celular, especialmente en el sistema nervioso central, que se considera como específica alteración de envejecimiento. Los factores de la vida, aun sin que el endurecimiento de los vasos permita comprobar en ellos la muerte, como si dijéramos *pro rata*, forman de antemano una sucesión que inequívocamente se encamina a la muerte. Desde varios sectores se considera el envejecer como una suma de los procesos de fermentación destructivos –iniciados ya al comenzar la vida– que durante toda la vida sostienen una lucha con las fuerzas constructivas. En este sentido, un biólogo de mentalidad mecanicista calificó la muerte de agente físico, antítesis material de la vida. ¡Pero esa antítesis de la vida no procede de ninguna otra parte sino de la vida misma! Ella misma la produjo y la alberga.

En cada uno de los distintos momentos de la vida, somos los que hemos de morir, y ese momento sería de otro modo si este destino no fuera el nuestro que nos hubiese sido dado con la vida y que de algún modo actúa en ese momento. Así como en el momento de nuestro nacimiento todavía no existimos, antes bien a cada momento va naciendo algo de nosotros, así tampoco puede decirse que no muramos hasta nuestro último momento.

Lo que calificamos de alteraciones seniles –decía un fisiólogo– es sólo el punto culminante de aquellas modificaciones que se producían ya desde las primeras fases del desarrollo del germen. Y toda muerte por enfermedad en edad avanzada puede considerarse al propio tiempo como muerte por decrepitud, porque precisamente los órganos han sido modificados de modo patológico por la edad. Esto es lo que pone en claro la significación deformativa de la muerte. La muerte delimita, es decir, da forma a nuestra vida no en el momento de perecer, sino que es un factor formal de nuestra vida, que matiza todos sus contenidos: la delimitación del conjunto de la vida por la muerte actúa de antemano en todos sus contenidos y momentos; la cualidad y forma de cada uno de ellos sería diferente si éste pudiera extenderse más allá de este límite inmanente. Hay una organización, es decir, una forma determinada por la unidad interna, lo mismo en la sucesión temporal de los momentos de la vida que en la yuxtaposición espacial, y si esto constituye la antítesis absoluta con respecto a lo inorgánico, que lo mismo puede disolverse antes que después, esa antítesis se repite simbólicamente en las relaciones de valor de los hombres. Muchos mueren –así tenemos que decirlo, aunque naturalmente en sentido relativo– porque la vida cesa accidentalmente; la muerte no se presenta como desde el límite impuesto por el interior del curso de su vida; son aquellos cuya vida no tiene en absoluto forma en sentido superior y que lo mismo habrían podido vivir un espacio de tiempo breve que uno largo, exactamente igual que una roca muestra, en sentido más profundo, lo innecesario de su forma en la circunstancia de que para ella es indiferente que sea mayor o menor. Propiamente se trata de la diferencia entre morir y ser matado. Naturalmente, no puede ser matado nadie que (a diferencia de la roca) no tenga la posibilidad de morir. Pero la cuestión es si esa posibilidad conduce necesariamente a la muerte en algún momento. Podría ser perfectamente que sólo se realizara mediante el ser–matado, siendo indiferente a este efecto que eso se produzca por puñal o veneno o por embolia cardíaca o bacilos de tuberculosis. Quizá la mayor parte de los pueblos salvajes tengan la idea de que, cuando alguien muere, tenía que ser matado en todo caso de que algún hombre o espíritu es responsable. En ese caso la vida no está concebida aún con suficiente profundidad o, como se verá más adelante, con suficiente individualidad, para incorporar la muerte a su unidad. Esta diferencia es objeto también de exposición artística. En las grandes figuras trágicas de Shakespeare sentimos casi desde sus primeras palabras lo ineluctable de su fin, pero no a modo de imposibilidad de resolver unos hilos de destino enmarañado o a modo de hado amenazador, sino a modo de necesidad profunda, yo preferiría decir: de propiedad de toda la amplitud de su vida interna, que sólo está canalizada en el acaecer dramático, en definitiva mortal, y sólo es objeto de un desarrollo lógicamente comprensible y conforme también con la marcha del mundo. La muerte figura entre las determinaciones apriorísticas de su vida y de la relación con el mundo puesta con ésta. Por el contrario, las figuras secundarias de esas tragedias mueren como precisamente entraña el curso exterior del acontecer; de algún modo son suprimidas, siendo indiferentes el cuándo y el sí. Sólo aquéllas tienen, además, que perecer desde dentro; la maduración de su destino como expresión de vida es en sí misma la maduración de su muerte.

De antemano mantenemos nuestros planes y acciones, nuestras obligaciones y nuestras relaciones interindividuales –aunque no por reflexión consciente, sino de modo natural, instintiva y tradicionalmente– en las proporciones adecuadas dentro de una vida delimitada por la muerte. Pero el modo en que se opera esta delimitación o formación de la vida en conjunto, lo mismo que en sus detalles, está determinado por el hecho de que estamos absolutamente seguros del qué del fin, aunque absolutamente inseguros acerca de su cuándo.

Absolutamente inconcebible para nosotros sería la organización de la vida de seres terrenos inmortales; pero la de seres terrenos que estuvieran seguros de su futura muerte y al propio tiempo del año y día en que habría de producirse, discreparía de la que conocemos en una medida apenas menos inimaginable. Un amigo mío se expresaba sobre semejante perspectiva en términos como los siguientes: "¡Cuánto mejor sería la vida si supiéramos con seguridad cuántos años nos quedan todavía! Entonces podríamos guiarnos por eso, organizar convenientemente la vida, no sería necesario dejar nada sin terminar, ni se empezaría nada que no pudiera terminarse, y además tendríamos ocasión de aprovechar realmente el tiempo". Pero visto desde el otro lado, probablemente en ese caso la vida constituiría una presión insoportable para la mayoría de los hombres. En lo objetivo, frente a aquellas ventajas indicadas, podría objetarse que dejarían de emprenderse innumerables tareas por el hecho de que muy a menudo el hombre sólo acierta a lograr su máximo rendimiento cuando emprende más de lo que puede realizar. Y, en lo subjetivo, lo que ocurre con respecto a la voluntad de vivir es seguramente que el miedo a la muerte y el desaliento ante su inevitabilidad sólo puede reducirse a proporciones tolerables gracias a la inseguridad del momento en que se produzca, a las proporciones que hasta cierto punto garanticen al hombre un margen de libertad interna de movimientos para gozar de la vida, el desenvolvimiento de sus fuerzas y la productividad de la única vida que conocemos. Esto es quizás el caso más importante de una forma que por doquiera determina nuestra vida y nuestra relación con el mundo: que nos conste indudablemente la existencia de una base de principio para la teoría o la práctica, mientras que si la transformáramos y manejáramos coma requerirían las situaciones concretas de la vida, se nos haría totalmente problemática, y aun ilusoria, al existir como si dijéramos por encima de ella una capa de cosas dudosas o ignotas. Así, podríamos imbuirnos de que, dadas las naturales diferencias jerárquicas entre los individuos, las ordenaciones aristocráticas son las únicas realmente idóneas; mas como no tenemos ningún medio para reconocer con seguridad a los directores como tales y colocarlos en los puestos directivos, ni tampoco para, aun logrado esto, impedir que la clase dominante se corrompiera con la posesión del poder, de poco nos sirve por decirlo así aquella convicción primaria; tan poco que aun muchos de sus partidarios confiesan que la democracia es todavía el mal menor. Así, quizá nos haya convencido Kant de que en nuestro conocer actúan formas a priori, que, al producir por vez primera el conocer como tal, valen necesariamente y sin excepción para todos sus objetos. Mas qué formas quepa indicar como tales, sólo puede predicarse por medio de una búsqueda empírica y propiamente sólo en hipótesis: la posesión de principio de conocimientos absolutamente seguros no nos ayuda a saber con seguridad, ni siquiera aproximadamente, cuáles lo sean. Innumerables veces y con resultados de valor totalmente opuestos se repite esta constelación en que se expresa la "posición central" metafísico–cósmica del hombre. Estamos encadenados entre el saber y el no–saber. Ni teniendo positivamente como nuestro un saber mucho más amplio ni uno mucho más reducido podríamos llevar la vida del hombre empírico. Y frente a la acentuación del progreso siempre mayor e incalculable de nuestro saber, no debería pasarse por alto, sin embargo, el hecho de que como si dijéramos en el otro extremo tantas y tantas cosas que poseíamos como saber "seguro", pasan a convertirse en inseguras y en equivocaciones reconocidas. ¡No "sabía" pocas cosas el hombre medieval, y no pocas el pensador racionalista del siglo XVIII o el hombre de ciencia materialista del siglo XIX, que para nosotros están totalmente descartadas o por lo menos resultan totalmente dudosas! ¡Cuánto de lo que ahora es para nosotros "conocimiento" fuera de toda duda, no correrá la misma suerte a la corta o a la larga! Toda la postura teórica y práctica del hombre hace que –*cum grano salis* y dicho para lo fundamental– sólo aperciba del ambiente aquello que corresponde a sus convicciones, y que, de modo a menudo totalmente incomprensible para épocas posteriores, haga caso omiso de casos patentes que las contradicen. En pro de la astrología y curas milagrosas, de la brujería y la atención directa de la divinidad a súplicas que le habían sido formuladas, se adujeron pruebas no menos "positivas" y "convincentes" que en la actualidad para demostrar la vigencia de leyes naturales universales, y no creo que deba excluirse en absoluto la posibilidad de que posteriores siglos o milenios, que no reconozcan como meollo esencial de cada fenómeno individual su individualidad indisoluble–unitaria, en modo alguno atribuible a "leyes universales", declaren que estas universalidades no son menos superstición que esos artículos de fe a que aludíamos. Tan pronto se renunciara a la idea de lo "absolutamente verdadero", que tampoco es más que un producto histórico, podría llegarse a la idea paradójica de que en el proceso continuo del conocer la medida de las verdades precisamente adoptadas no haga sino compensarse con la medida de los errores precisamente desechados, y de que, como en una procesión continua, suban por la escalera delantera tantos conocimientos "verdaderos" como "ilusiones erróneas" desciendan por la trasera. A ese sector, de muy diversa configuración, de mezcolanzas y entreveros de saber y no–saber, del cual depende en gran parte el modo peculiar de la organización de la vida humana, pertenece aquel saber y no–saber de la muerte, que tal vez sea su fenómeno más rico en consecuencias. La vida sólo es posible en las formas en que la vivimos, sobre esta base precisamente de saber el hecho y de no saber su punto temporal. Lo cual demuestra a su vez –por eso hemos incluido en este punto toda esta disquisición– cuán incondicionadamente determinante de forma es la muerte para la vida, cómo se encierra lo mismo en lo seguro para ella que en lo para ella inseguro, estando fusionadas indisolublemente ambas cosas. A causa precisamente de que este límite para nuestra conciencia es a la vez absolutamente inflexible y, sin embargo, también absolutamente fluido, de que toda modificación en lo uno como en lo otro alteraría inmediatamente toda la vida hasta lo inconcebible, se revela la muerte como aquel aparente exterior de la vida que en realidad es un interior de ella, el cual configura todo momento de este interior del único modo que lo conocemos.

Una de las más enormes paradojas del cristianismo consiste en privar a la muerte de su adherencia a la vida, en colocar de antemano la vida bajo el punto de vista de su propia eternidad. Y por cierto que no sólo a modo de prolongación de la vida que se enlace con su último momento terreno, sino que la suerte eterna del alma dependa de la serie total de los contenidos de vida, cada uno de los cuales prosigue hasta el infinito su significación ética como motivo determinante de nuestro futuro trascendente, infringiendo de esta suerte la limitación que le es inherente. En este caso, la muerte puede considerarse superada, no sólo porque la vida, a modo de línea extendida por el tiempo, rebasa el límite de forma de su fin, sino también porque niega la muerte que actúa a través de todos y cada uno de los momentos de la vida limitándolos internamente, y los niega precisamente en virtud de las eternas consecuencias de esos momentos. La vida se coloca en este caso exclusivamente en sus momentos positivos; cuanto pueda hacerle la muerte, afecta sólo a su obra externa, más aún: sólo a aquello que de antemano no es nuestra verdadera vida. Dada la continuidad con que nuestra existencia ultraterrena, que seguramente nada de muerte contiene, está determinada por la terrena, la muerte perdió también en ésta su "acicate", su importancia vital. Ahora bien, es evidente que este desarrollo, a mi parecer purísimo, del motivo cristiano fundamental, ha sido desviado sobremanera por ideas eclesiásticas, sobre todo por la rara importancia atribuida al momento de la muerte, la cual quebranta todo el engranaje metafísico de la vida. A causa precisamente de su pretensión de que en virtud de un acto de contrición o simplemente de acciones ceremoniales se puede considerar como inexistente aun la vida más pecaminosa, me parece que carga excesivamente el acento en un detalle temporal–terreno, incompatible con la grandiosa visión de conjunto en que de antemano somos hijos de Dios que sólo llevamos en la tierra una pasajera existencia de huéspedes. También en ella vivimos como hijos suyos, obedientes o rebeldes a su voluntad, insolentes o contrictos, y determinando nuestro futuro mediante cada una de esas presencias en que consiste propiamente la esencia de la vida. La idea, empero, de que precisamente el momento de la muerte corporal, que a fuer de fisiológicamente determinado no puede causar más que como dijéramos una incisión totalmente superficial en el destino eterno del alma, haya de decirlo absolutamente todo mediante su arrogancia o su contrición, me parece que se aleja del verdadero sentido del cristianismo y de algún modo lo desvía.

En todo caso, es posible que esa nota proclame una idea de importancia religiosa. La vida, con su marcha prospectiva, nos deja en general sin esperanzas, si no siempre en pensamiento, sí en el ser. En la vejez ya no creemos que sean posibles grandes virajes; nos parece de algún modo ilusoria la posibilidad de que todavía se realicen. Frente a esto, los temperamentos religiosos tienen la ventaja de sentirse constantemente en relación con un absoluto, ante el cual se hacen infinitamente pequeñas las diferencias de cantidad del curso de la vida. Para el hombre religioso siempre hay tiempo, porque ante los ojos, mejor dicho ante el ser infinito, 20 ó 70 años no implican diferencia alguna. La idea de que el último instante baste para la salvación por larga y opuesta que haya sido la vida, es la expresión extrema, bien que en cierto sentido extrínseca, de que la mayor o menor duración es irrelevante, de que, ante la vida infinita, a diferencia de la empírica, no hay un demasiado–tarde frente a ninguna medida del pasado.[1]

[1] La inmanencia de la muerte en la vida puede considerarse motivación simbólica –entre otras– de que en modo alguno es indudablemente lícito calificar de "viva" a la divinidad. Por más que esa idea sea hermosa y quizás inevitable, en el fondo no es menos antropomórfica que la del anciano que pasea por el jardín del Paraíso gozando del fresco del atardecer. Nos imaginamos que vive porque nos parece que ésa es la única posibilidad de alternar con él. En definitiva, la vida o animación es un modo de existencia específico, y concebir que es el "más alto" y colocar absolutamente todo lo existente en la alternativa exclusiva de lo puramente material y de lo vivo–anímico, por la sola razón de que como hombres no experimentamos otra cosa en la tierra, me parece un simplismo cuya última sublimación se halla en todas las metafísicas que proclaman que el "espíritu" o la "vida" es lo absoluto. Naturalmente, nada se ganaría diciendo que Dios es lo que está por encima de la vida: aun el más cauteloso ensayo de hacer una determinación positiva rebasa los derechos de nuestro pensamiento. Pero nada nos impide –más aún: todo nos autoriza a hacerlo así– que alejemos de lo absoluto lo limitado del concepto de vida y de alma, prescindiendo totalmente de que sea el límite de todas nuestras posibilidades. Aun la tentativa de hallar en el concepto de "valor" algo a cubierto de esta limitación no conduciría a una determinación más justificada de lo absoluto divino, pues me parece mera palabrería una realización de valores sin la base de la vida, del alma, del espíritu. Un aspecto más satisfactorio tendría la "indiferencia" absoluta de Schelling, si éste no la dejara dispersar en los

Y aun para la mirada dirigida en sentido contrario aparece la muerte como configuradora de la vida. Los organismos sólo pueden conservar la vida en el mundo, en cualquier momento, mediante alguna adaptación, en el sentido más lato de la palabra. El fracaso significa la muerte. Así como todo movimiento automático o voluntario puede interpretarse como afán de vida, de más vida, así puede interpretarse también como huida de la muerte. Acaso la esencia de nuestra actividad sea una unidad misteriosa para nosotros mismos, que como tantas otras sólo podemos concebir descomponiéndola en conquista de la vida y huida de la muerte. Todo paso de la vida se nos ofreció no sólo como una aproximación temporal a la muerte, sino como formado positivamente y a priori por ésta, que es un elemento real de la vida. Pues bien, esta formación resulta codeterminada precisamente por el apartamiento de la muerte, considerando que la adquisición y el goce, el trabajo y el descanso y todos nuestros demás modos de conducta, considerados como naturales, son la instintiva o deliberada huida de la muerte. La vida que consumimos acercándonos a la muerte la consumimos también para huir de ella. Somos como hombres que estuvieran en un buque caminando en él en dirección contraria a la marcha que lleva el buque: caminan hacia el sur mientras el terreno en que lo hacen es llevado con ellos hacia el norte. Y esa doble dirección de su movimiento determina en cada momento el lugar del espacio en que se hallen.

Esta formación de la vida en todo su curso por la muerte es hasta ahora algo, por así decirlo, plástico, del que no se desprenden conclusiones de ninguna clase; nuestra pretensión se limita a sustituir la idea ordinaria de la muerte, que, de modo, por decirlo así, inorgánico, la considera como el corte de las Parcas que pone fin a la vida, por la más orgánica para la cual es un factor formativo del curso continuo de la vida desde el primer momento. Pero considérese su propagación embiótica como preefecto o preproyección del acontecimiento singular de la muerte, considérasela como autóctona formación o matización de todo momento de la vida de por sí, en todo caso, es ella, junto con aquella agudeza de la

polos naturaleza y espíritu, encerrándola así de nuevo en la estrechez alternativa de nuestra experiencia contingente. Spinoza parece haber llegado más allá adjudicando a Dios atributos absolutos, de los cuales sólo serían concebibles dos: el pensamiento y la extensión. Mas para él constituyen atributos reales de lo divino, lo cual, si no entraña contradicción en un panteísmo consecuente, significaría de nuevo antropomorfismo para un dios trascendente. La teología negativa de la mística es, en esa dirección, más libre y profunda que toda anterior o posterior dogmática y filosofía de la religión.

muerte, lo que por vez primera fundamenta ciertas series de representaciones metafísicas de la esencia y destino del alma. No separa expresamente las modificaciones que uno y otro sentido de la muerte introducen en las disquisiciones siguientes; sería cosa de ligera reflexión especificar la participación de esos dos sentidos en estas representaciones.

La formulación hegeliana de que todo reclama su antítesis con la cual se encamina a su síntesis superior en que, aun quedando suprimido, precisamente con ello "llega a sí mismo", quizás en ninguna otra parte como en la relación entre vida y muerte haga más intensamente patente su hondo sentido. La vida reclama desde sí la muerte como su antítesis, como lo "otro" en que algo deviene y sin lo cual ese algo no tendría en absoluto su sentido y forma específicos. En ese sentido, vida y muerte se hallan en una misma etapa del ser, a modo de tesis y antítesis. Pero de esta suerte se eleva sobre ellas algo más alto: valores y tensiones de nuestra existencia que están más allá de la vida y de la muerte y de cuya antítesis no resultan afectados, pero en los cuales la vida llega propiamente por vez primera a sí misma, al más alto sentido de sí misma. La base de este pensamiento es que la vida, tal como se da directamente, desarrolla su proceso sin la menor separación entre sus contenidos. En todo caso, la denominación de "proceso" aplicada a la realidad de la conciencia tiene ya propiamente algo de hipotético o construido, puesto que lo realmente existente, lo que interiormente contemplamos, experimentamos, pensamos, es siempre un algo, un contenido, aunque desde luego no estable, y sin que siga a otro sin solución de continuidad; pero que eso sea llevado, impulsado, movido a través de la conciencia, por una energía (por lo menos por algo a modo de energía), que no se limite a existir sin vida, no es cosa inherente a la conciencia de objeto, tal como ésta se nos ofrece directamente, sino que es la sensación de una oscura movilidad de la vida, que no se desarrolla propiamente en el mismo estrato. El mero ahora–ser–así y ahora–de–otro–modo, el mero cambio de imágenes, no es aún movimiento, proceso, ni siquiera cuando, en vez de una puntualidad, se siente su continuidad como en una línea. Mas, prescindiendo de que así sea para el mirar más diferenciado, dentro de la experiencia ingenua es absolutamente dominante la sensación de que algo "se opere", de que el contenido de la imagen, en tanto representado, está animado por algo funcional, como una fuerza. En este caso, contenido y proceso forman una unidad que sólo un análisis a posteriori separa en los dos. Pero esa separación, especialmente en el caso de ciertos valores supremos, sólo me parece posibilitada por el hecho de que su portador, su proceso, esté sometido a la muerte. Si viviéramos eternamente es de prever que la vida permanecería indiferenciadamente fundida con sus valores y contenidos, no habría ni una sola instigación real a concebirlos fuera de la única forma en que los conocemos y que a menudo podemos experimentarlos ilimitadamente. Pero morimos, y así experimentamos la vida como algo contingente, perecedero, como algo que, por decirlo así, también habría podido ser de otro modo. Sólo así debió surgir la idea de que los contenidos de la vida no necesitan dividir el destino de su proceso; sólo así pudo llamar la atención la importancia de ciertos contenidos, independiente de todo fluir y terminar, válida más allá de la vida y de la muerte. Sólo la experiencia de la muerte habrá disuelto esa fusión, esa solidaridad de los contenidos de la vida con la vida. Mas, precisamente con estos contenidos intemporalmente significativos alcanza la vida temporal su propia y más pura altura; gracias a que estos contenidos, que son más que la vida misma, son absorbidos por ella o a que ella se vierte en ellos, la vida va más allá de sí misma, sin perderse, y lo que es más: conquistándose propiamente por vez primera, pues sólo así su decurso adquiere como proceso un sentido y valor, y sabe, por decirlo así, por qué existe. Necesita previamente poder separar de sí idealmente estos contenidos para elevarlos a conciencia, y lleva a cabo esa separación con la mirada en la muerte que, si bien puede acabar el proceso de la vida, no puede anular la significación de sus contenidos.

No quiero dejar sin mención una analogía que pone de relieve lo fundamental de estas relaciones de estructura espirituales. La insuficiencia existente entre nuestros impulsos y facultades, por una parte, y las realizaciones reales, internas y externas, por otra, tiene que figurar entre los motivos de la formación del yo continuo. Si nuestros deseos se realizaran siempre sin más, con esa realización sucumbiría el acto de voluntad y empezaría otro nuevo, con un contenido nuevo, el proceso interno quedaría totalmente agotado con su relación con la realidad, y el yo no se desprendería de ese entreveramiento con la realidad que lo acompañaría a cada paso. Mas eso sucede cuando la voluntad resiste su contacto con la realidad, porque no la satisface, cuando el yo que quiere existe todavía mientras la realidad ya no existe. Una relación armónica, íntegramente satisfactoria, entre voluntad y realidad absorbería mucho más en sí la conciencia del yo, permitiría reconocer mucho menos al yo en su propia marcha. La negativa y la exigüidad del mundo exterior frente a nuestra voluntad hace que ésta se proyecte más allá de su contacto con él de suerte que el yo adquiere entonces conciencia de su independencia y ante todo de la continuidad dimanante exclusivamente de sus propios impulsos. De ahí que los hombres que hayan tenido pocas satisfacciones y estén hondamente decepcionados de las concesiones del mundo, tengan por lo regular un yo más marcado y, a partir de cierto punto, más invariable que aquellos a quienes todo salió a pedir de boca, al igual que sus facciones revelan más que las de éstos el carácter de la firmeza y de la perseverancia. La postura con respecto al arte ofrece el fenómeno antitético. Para la obra de arte resulta relativamente fácil el satisfacernos, pues todo cuanto pudiéramos pedirle nos lo ofrece espontáneamente; rechaza todos los problemas e imperativos impuestos desde fuera; sólo por ella misma puede regirse lo que de ella queramos. Es la hechura peculiar que hace brillar a base de sí misma, y exclusivamente a base de sí misma, la "idea" en que debe perfeccionarse, la configuración con que satisfaga a todas las exigencias –y eso aun en el caso de que su realidad no responda a esas exigencias idealmente inscriptas en ella. Mas, cuando las satisface, se ha logrado el sentido de la obra de arte como tal, aquella autosuficiencia que no permite a la voluntad del espectador plantear otras demandas de valores que las ingénitas a la obra misma: aun su imperfección se mide por ella misma –de un modo que aquí no podemos detallar– por su valor individual; con lo cual, la relación de la voluntad con ella se aparta por principio de las demandas con que la voluntad suele aproximarse no sólo a todo lo técnico–material, sino también a otros hombres y aun a los poderes divinos. Esta estructura de la obra de arte me parece ser el más profundo fundamento del hecho que Schopenhauer en definitiva sólo describe por el fenómeno y sólo interpreta especulativamente: que frente a la obra de arte enmudece la voluntad. De la obra de arte perfecta, la única en que piensa el propio Schopenhauer, la voluntad no puede pedir nada –salvo por academicismo teórico o a base de tendencias ajenas al arte– que no estuviera preformado en ella misma y precisamente en ella satisfecho también. La voluntad tiene que detenerse ante este límite, más allá del cual nada absolutamente puede apetecer. De ahí que, como se ha dicho, el yo que quiere sucumbe en la obra de arte, para empezar luego a vivir de nuevo. En este caso tenemos, pues, la excepción de aquel típico pedir más y, en consecuencia, igualmente típico estar–insatisfecho, provocados por los ofrecimientos de la vida del mundo. De ahí que en este caso tampoco se produzca para la formación del yo el resultado de la última constelación. Los hombres que viven predominantemente en un deleite estético (totalmente diferentes, evidentemente, de los artísticamente productivos, que suelen tener un copioso excedente de voluntad), no dan muestras por lo común de tener un yo muy continuo, perseverante, independiente de las circunstancias. Viven más bien en sectores relativamente breves, se amoldan sin dificultad a las cosas más antagónicas, y se dejan cautivar por las cosas en vez de dominarlas desde un yo seguro de sí mismo. Por lo tanto, este estado de cosas negativo confirma el positivo que antes hemos presentado: así como el proceso de la vida necesita ser negado por la muerte para que los contenidos de la vida se destaquen en su significación, más duradera que el proceso, así los contenidos de la voluntad tienen que ser negados por la insatisfacción para que el proceso de la voluntad, el yo personal que quiere, se manifieste en su ir más allá de toda indicable sujeción de contenido. La misma estructura formal, que separa del proceso los contenidos, separa asimismo de los contenidos el proceso.

Es evidente, pues, que esto no es una mera analogía sino un aspecto del problema central de la vida, que se mueve entre el yo y sus contenidos, y que no puede comprenderse por la suficiente amplitud para entender la significación inmanente de la muerte. Por consiguiente, tengo que volver una vez más a la formación del yo, que se opera en el curso de la vida, presentando el motivo en una redacción más general que antes, porque con ella el problema de la muerte se desenvuelve hacia una nueva fase.

El proceso de la vida anímica elabora de modo cada vez más claro e intenso, no sólo con las discrepancias que acabamos de subrayar, sino con su creciente desarrollo de conjunto, el hecho que puede llamarse yo. Se trata de la esencia y del valor, del ritmo y, por decirlo así, sentido interno, que corresponden a nuestra existencia en su carácter de esta porción especial del mundo; de aquello que propiamente somos de antemano y que, sin embargo, en su acepción cabal todavía no somos. Este yo se halla en una categoría peculiar, necesitada todavía de más detenida exposición, que es un tercero, más allá de la realidad que tenga en cualquier momento y de la irreal idea de valor, meramente exigida. Ahora bien, al inicio de su desarrollo, el yo está fundido del modo más íntimo, lo mismo para la conciencia subjetiva que en su ser objetivo, con los distintos contenidos del proceso de la vida. Y así como este proceso de la vida separa de sí sus contenidos, y éstos adquieren una significación que trasciende su ser dinámico–real experimentado, así desprende de sí, como si dijéramos por su otro lado, el yo, que se diferencia de él, en cierto sentido *uno actu* con los contenidos; con lo cual, a modo de especial significación y valor, existencia y exigencia, se desprende también de los contenidos, que al principio ocupan exclusivamente la conciencia ingenua. Cuanto más experimentamos, tanto más decididamente se acentúa el yo, a título de uno y continuador en todas las oscilaciones pendulares del destino y de la representación del mundo; y eso precisamente no sólo en sentido psicológico, en que la percepción de lo igual y permanente de fenómenos, por lo demás diferenciados, se hace más fácil e inevitable precisamente a causa del incremento numérico de éstos, sino también en sentido objetivo, de suerte que el yo se encuentra más puro en sí mismo, se elabora saliendo de todas las fluyentes contingencias de los contenidos experimentados, desarrollándose, cada vez más seguro y más independiente de éstos, en su propio sentido e idea. En este punto se inicia la idea de inmortalidad. Así como en el caso antes comentado la muerte hace hundir la vida para emancipar, por decirlo así, la intemporalidad de sus contenidos, así acaba ahora del otro lado de la línea divisoria, la serie experimental de los contenidos determinados, aunque sin quedar cercenada con eso la exigencia del yo de consumarse eternamente o seguir existiendo –la réplica de aquella intemporalidad–. La inmortalidad que constituye el afán de muchos hombres más profundos tiene este sentido: que el yo pueda consumar totalmente su emancipación de la contingencia de los contenidos singulares. En lo religioso, la inmortalidad suele tener otro sentido: las más veces equivale a un haber; el alma quiere la bienaventuranza o la visión de Dios o simplemente seguir existiendo; o, en una sublimación ética más intensa, quiere una cualidad de sí misma: quiere redimirse, justificarse o purificarse. Pero todo eso no viene a colación frente al sentido actual de la inmortalidad, a título de estado del alma en que ésta ya no experimenta nada más, en que, por consiguiente, su sentido ya no se consume en un contenido que en alguna acepción exista fuera de ella misma. Mientras vivimos, experimentamos objetos; bien es verdad que, con el transcurso y concentración de los años, el yo se destaca cada vez más, en calidad de invariable y persistente, de todas las diversidades de los contenidos fugaces en su fluir, pero en cada momento queda de algún modo fundido con ellos; al desprenderse, el ser autónomo del alma constituye solamente una aproximación asintótica al yo, que no existe en cualquier algo, sino en sí mismo. Cuando se cree en la inmortalidad y se rechaza todo contenido material al cual sirve de fin –ya sea porque éticamente carezca de la suficiente profundidad, ya porque sea lo absolutamente incogonscible–, cuando se busca la forma pura de la inmortalidad, entonces la muerte aparecerá seguramente como el límite, más allá del cual todos y cada uno de los contenidos de la vida se desprenden del yo y donde su ser o su proceso es un mero pertenecerse–a–sí–mismo, un puro estar determinado por sí mismo. Es el estado descrito por Yajnavalkya. El perfecto, en sueño profundo o en la redención trascendente, "no tiene conciencia de lo que está fuera o dentro. Ésta es su forma esencial, en que él con los anhelos cumplidos aplaca su propio anhelo. Entonces, a pesar de no ver (oír, conocer), ve, pues para el vidente no hay interrupción del ver, porque él es imperecedero; pero no hay un segundo fuera de él, no hay otra cosa diferente de él, que él pueda ver (oír, conocer) pues sólo donde hay otra cosa ve (oye, conoce) lo otro. Puro como el agua, está solo como espectador y sin segundos". Eso significa, pues: la vida ultraterrena se retiró a la pura función; ya no tiene un objeto sino que se ha convertido en el escueto ipse, en la vida de este ipse (sólo simbólicamente expresado con esas distintas funciones) cerrada en sí, la desaparición del objeto para esta pura "vida" del yo es posible en este caso por el hecho de que ese yo es el todo.

El hecho de que en la idea de inmortalidad tropecemos siempre con algo ya no propiamente concebible, se basa seguramente, entre otras circunstancias, en que nos la imaginemos como una vida del alma más allá del momento de la vida corporal; mas eso tal vez sea un antropomorfismo en que evidentemente las más sublimes especulaciones incurren no menos que las más pueriles primitividades. Pero en modo alguno está decidido que la vida sea la única forma en que pueda existir el alma. Puede tener a su disposición otras formas aún, no construibles, que no sean precisamente el alma, de lo cual sea tal vez garantía el hecho de que puede pensar contenidos intemporales, situados más allá de la vida.[2]

[2] Naturalmente, esto no es más que un pensamiento puramente especulativo, como el antes expuesto sobre la "vida" de Dios; mas todo este sector está envuelto para nosotros en tan densa oscuridad cómo de la materia organizada pudo desprenderse ya el alma es para nosotros tan irremediablemente incomprensible que en este caso la especulación tiene derecho a reclamar tolerancia. En todo caso este derecho sólo está fundado cuando no se trata de un mero juego intelectual de ideas. Antes bien, la especulación sólo puede ser eso, como también símbolo balbuciente y lejano de un estar-dado, estar-dirigido, de una contemplación, y este símbolo, evidentemente, es expresión subjetiva de un ser que a fuer de tal es de algún modo objetivo, y no mera arbitrariedad.

El alma no puede vivir sin cuerpo, pero tal vez pueda existir más allá de la forma específica de la vida. Identificar la inmortalidad con la vida eterna es una de aquellas ingenuidades lógicas que confunden la oposición contraria con la contradictoria. Como el alma en su forma terrena sólo se conoce como viva, se piensa también su inmortalidad como una vida, cosa bastante comprensible desde ese punto de vista, pero una vida que no cabe imaginar sino unida a procesos fisiológicos. Por eso –y evidentemente sólo por eso– no es preciso entregarse al postulado de du Bois–Reymond: para hacerle creer en un alma del mundo habría que mostrarle previamente el cerebro de ese alma.

Haciendo desde otro motivo fundamental ya tratado otro corte transversal, de dirección algo distinta, a través del proceso de la vida, vemos que éste se precipita una vez más hacia el postulado de la inmortalidad. En cualquiera de las distintas representaciones reales en que nos detengamos, sentimos que ninguna de las fuerzas de tensión o procesos de profundidad que surgen con ella o hacia ella se expresa o vive totalmente; de ellas queda siempre una parte que nos produce, o por lo menos puede producirnos siempre, la impresión de lo no–cofigurado, ilimitado, de nuestros momentos finitos. Ni uno solo de los contenidos que ascendieron a lo formulable de la conciencia acoge totalmente en sí el proceso anímico; cada uno deja tras de sí un resto de vida que, por decirlo así, llama a la puerta cerrada por aquél. De este trascender del proceso de la vida más allá de cada uno de sus contenidos indicables, nace la impresión general de una infinitud del alma, que no quiere compadecerse con su mortalidad. Y esto va mucho más allá de los casos que experimentamos como individuos. En todo hombre dormitan innumerables posibilidades de llegar a ser otro de lo que realmente llegó a ser. El mismo niño, educado en la Atenas de Pericles, en la Nuremberg medieval o en el París moderno, aun sin modificarse en "carácter", habría producido tres fenómenos completamente dispares. Naturalmente, no es posible que todos lleguemos a serlo todo; la medida e índole de nuestras fuerzas nos supeditan a líneas infranqueables; pero dentro de éstas cada cual tiene posibilidades absolutamente infinitas. Ya el hecho de que todo niño nacido en cualquier parte pueda adquirir como "lengua materna" suya una de las innumerables lenguas de la tierra y con ella una configuración espiritual insustituible demuestra la ilimitable elasticidad del alma humana. Y ésta no es igual a la de un pedazo de arcilla que puede ser moldeado en un número infinito de formas, sino que significa actividades ejercidas desde el alma misma y contenidas en ella a título de posibilidades positivas, de direcciones latentes de su energía, de disposiciones orgánicas que sólo precisan un estímulo para desarrollarse. No son meras "posibilidades" abstractas ni improntas morfológicamente iguales de una forma obligada, sino ya de algún modo productividades del alma misma, contestaciones al mundo, que sólo ella puede dar, no un eco que se dé mecánicamente, y únicamente después de haber surgido un movimiento exterior. De ese número inmenso de líneas de potencial configuración de la vida, nunca se realiza más que una; nos transformamos en nosotros mismos en un reino de sombras de irredentas posibilidades de nosotros mismos, y aun sin concedérseles la palabra, no puede decirse que no sean nada. Quizá nuestra delgada realidad crezca desde la impresión de esas incalculables fuerzas de tensión y direcciones potenciales y dotada del presagio de una infinitud intensiva que se proyecta como inmortalidad en la dimensión del tiempo.

Mas, para que de nuestras posibilidades ilimitadas resulte una realidad singular determinada, se necesitan evidentemente los estímulos de desarrollo que ejerce sobre nosotros el mundo circundante, asimismo como determinado singularmente en cada momento. Y esta relación con el mundo encierra en sí una problemática cuya necesidad de solución sólo parece poder desembocar en la esperanza de inmortalidad. Aludo a la contingencia que existe entre nuestras propiedades individuales, que llevamos a la vida, y el mundo ambiente histórico, que encontramos al llegar. Sólo en éste puede aquel ser alcanzar una vida determinada, aunque sea precisamente modificada por ese mundo.

Mas con ello surge no sólo la indicada impresión de fuerzas irredentas, de aspiraciones insatisfechas, sino precisamente también la de una ilimitada contingencia de toda nuestra vida empírica. Entre sus dos factores nuestra disposición individual, que encierra posibilidades inconfundibles, pero ilimitadas, y el mundo, en el cual y guiado por el cual alcanza realidad este yo potencial no existe aparentemente ninguna clase de relación de contenido, apoyada en la unidad de un sentido, salvo la adecuación totalmente general que hace cabalmente posible la existencia anímica en un mundo. Pero no por eso existen menos las tendencias más íntimas y más peculiares con que la personalidad viene al mundo, y las condiciones de vida históricamente dadas, a menos que se crea en una armonía místicamente preestablecida, en los factores de un mero juego de azar, hasta el punto de que considerando que el desarrollo personal depende del mundo a menudo nos hace harto inseguros o no nos permite ver por qué realmente nosotros estamos trazados a base de nosotros mismos. Esto es la casualidad fundamental de toda vida individual como tal, casualidad que suele hacérsenos patente en los casos notorios de talentos no desarrollados, de energías desplazadas, de indescifrables enmarañamientos del destino, pero también como aspecto totalmente general, que no domina menos la vida más favorecida, y precisamente ella muestra por vez primera toda su atrocidad. Yo creo que muchas de las fuentes de que se nutre la esperanza en una existencia ultraterrena los sentimientos de apatridia, de estar descartado, de ir a la deriva, de hondo desamparo proceden de esa casualidad reacia a toda racionalización: entre nuestro ser, que en cierto sentido es superhistórico, porque ya se lleva en toda historia y en todo desarrollo posible, y el ambiente históricamente dado en que sin elección es colocado este ser y con respecto al cual cabe llegar a lo sumo a una adaptación a posteriori que nunca será más que relativa. Esto es la forma más empírica y como si dijéramos más especial del motivo antes tratado de la conquista del yo puro y perteneciente a sí mismo, desprendido de todos sus contenidos por la muerte. El hondo anhelo de vencer lo accidental, la coacción con que la relación del alma con su mundo ambiente nos lleva por una dirección que no sería necesaria partiendo de aquélla, sino que también podría ser otra; ese anhelo no puede realizarse de modo más puro que con esa idea mística del yo que sobrevive a todos los contenidos singulares acabando así con todo el dualismo de los elementos de la existencia, del cual proviene lo contingente de la vida.

Nota sobre el concepto de destino

No puede negarse, sin embargo, que esa contingencia de la vida, junto con su compensación por la vía de la fe, no constituye la única postura posible frente al problema del sentido de la vida. Se impone otra totalmente distinta en que la vida parece colocada bajo el concepto de destino. Éste se eleva de una doble premisa. En primer lugar, necesita un sujeto que contenga o exponga, desde sí y, en consecuencia, con independencia de todo "acontecimiento", un sentido, una tendencia interna, una exigencia. Además de esta dirección propia del sujeto, y sin enlace genético con ella, surgen y se desarrollan ciertos acontecimientos que, no obstante, resultan favorables o adversos con respecto a ella, interrumpiendo su marcha o enlazándola a algo lejano, acentuando en ella puntos singulares o decidiendo sobre su totalidad. Bien es verdad que siguen siendo "contingentes" en tanto sus causaciones, sus propias series de acaecer, nada absolutamente tienen que ver con la significación propia del sujeto a quien afectan y determinan; mas no es en esa dirección como se los contempla ahora, sino más bien que precisamente choquen con aquella vida subjetiva y adquieran así un sentido dentro de ella. Este sentido no tiene por qué ser "razonable", aprehensible desde cualquier idea, ni siquiera positivamente teleológico, sino que puede ser indignante, destructor, incomprensible, puesto que aún así tienen entonces los acontecimientos una relación determinada, una inserción en el curso de la vida, animado por una directiva interna, por muy antiteleológica y reacia a esa relación que sea la referencia.

Con eso surge lo específico del "destino": que una serie, de desarrollo puramente causal, del acaecer objetivo se entreteja en la serie subjetiva de una vida en lo demás determinada desde dentro, y, en tanto entonces favorece o fuerza por su parte la dirección y fatalidad de esta vida, adquiere un sentido vista desde ella, una referencia al sujeto, como si lo que acontece de modo más o menos exterior y según su causalidad propia estuviera dispuesto de algún modo en la relación con nuestra vida. Si falta uno de estos elementos, ya no hablamos de destino, ni con respecto al animal ni con respecto a Dios. El animal carece del sentido vital, de la intención ideal propia e individualmente especificada, en la cual pudiera insertarse, favorable o adversamente, un acaecer proveniente de fuera que se determine a sí mismo y, sin embargo, determinado a su vez por esa vida. Por el contrario, para una existencia divina no existen acontecimientos originariamente ajenos a ella, necesarios en sí, antes bien tenemos que concebir los acontecimientos como de antemano abarcados por el ser divino y desarrollándose según la voluntad del mismo, sin que sea necesario un previo obstáculo o aliento de aquél por ellos para que su contingencia pase a tener un sentido. En cambio, la vida humana se presenta bajo un doble aspecto: por una parte, quedamos entregados a las movilidades cósmicas e incluidos entre ellas, pero, por otra, sentimos y conducimos nuestra existencia individual desde un centro propio, a modo de auto–responsabilidad y en una forma de algún modo cerrada en sí. Pues bien, al considerar algo como destino, suprimimos la pura contingencia entre ambos aspectos. La actividad y pasividad de la vida en su órbita tangencial al curso del mundo se ha convertido de hecho en el concepto de destino.

Más cabalmente de esta estructura del concepto se advierte que precisamente no todo lo que nos acontece es destino. En efecto, son muchos los acontecimientos que rozan las capas exteriores de nuestra vida real, pero que no afectan a aquella orientación, individualmente llena de sentido, que se considera como nuestro genuino yo. Podrá hablarse de un umbral del destino, de un *quantum* de significación de los acontecimientos, a partir del cual, por decirlo así, favorecen o entorpecen la idea de nuestra vida. Encontrar a un conocido en la calle es un hecho del todo contingente, aun en el caso de que precisamente hubiéramos tenido la idea de escribirle, con lo cual resulta "curioso", o sea, que adquiere un "cachet" de significativo. Pero eso vuelve a fluir a lo contingente, sin unirse con algo definitivo de la vida. Pero si conectándose con otras consecuencias, ese encuentro se convierte en un punto de partida de virajes de vida de hondo alcance, el lenguaje habitual lo calificará de providencia del destino; indican con ello una categoría totalmente nueva: que ahora un acontecimiento meramente periférico, con teología positiva o negativa, pase a ser parte integrante de la unidad y sentido de la vida individual. Cuando hablamos de un destino puramente interno, el yo mismo se escindió convenientemente en un sujeto y un objeto. Al igual que para nosotros somos objeto del conocer, lo somos también del experimentar. Tan pronto como nuestro propio sentir, pensar o querer, pasa para nosotros a la categoría de "acontecimiento", la vida subjetiva, central, que sigue fluyendo, es afectada por ello como por contenidos del mundo exterior; calificamos de destino este contacto, operado en el ámbito cerrado de nuestra personalidad total tan pronto ya no es considerado mero acaecer, meramente contingente a la significación interior de ese yo central, sino tan pronto este hecho que se presenta casualmente de nuestra existencia se acomoda precisamente a este sentido de ella, adquiriendo desde él una nueva significación, ascendente o desviadora, modificadora o destructora. Aun frente a nosotros mismos estamos en una pasividad que, al ser asimilada a la actividad central de nuestra vida y determinarla, se presenta, como si dijéramos por reflejo de ella, a modo de cosa llena de sentido, teleológicamente determinada para nuestra vida.

De todo esto se desprende esta consecuencia: la dirección de la corriente interna de la vida decide de lo que haya de ser destino y de lo que no haya de serlo; en cierto modo lleva a cabo una selección entre los acontecimientos que nos afectan, y sólo el que de ellos puede incluirse en sus oscilaciones (y semejante inclusión figura aun en su desvío y destrucción) desempeña para nosotros el papel de destino. Exactamente igual que sólo puede convertirse en conocimiento para nosotros lo que corresponda a nuestras normas espirituales originarias o adquiridas, de suerte que se presta a ser formado por ellas, con lo cual nuestros conocimientos deben ser adecuados a nuestro espíritu; así sólo puede llegar a ser destino para nosotros lo que puede ser acogido por nuestra más propia determinación de la vida y elaborado en forma de destino. A los meros acontecimientos que se sustraen a este sentido adventicio corresponden acaso luego aquellas meras percepciones sensibles que aun dándonos algún contenido, no lo entendemos, no podemos darle forma de conocimiento desde nosotros. El antiguo enigma cómo ha de estar organizado el mundo para poder ser comprendido por la estructura contingente de nuestro espíritu fue resuelto por el concepto kantiano del conocer; el mundo comprendido es producto del espíritu que conoce, pues sólo conocemos de él precisamente aquello de que el espíritu puede apropiarse dándole forma. Así, la "aparente intencionalidad en el destino del individuo", según la cual el destino del hombre y su modo de ser individual concuerdan en términos generales de modo muy notable, resulta comprensible a base de este concepto de destino. No se necesita una interpretación que recurra a la "cosa–en–sí" o a misteriosas relaciones preestablecidas. Así como el mundo determina lo que deba ser el contenido de nuestro conocimiento, pero sólo porque el conocimiento determinó previamente lo que pueda ser mundo para nosotros, así el destino determina la vida del individuo; pero sólo porque ésta eligió mediante cierta afinidad aquellos acontecimientos a los cuales puede atribuirse el sentido virtual del cual pueden llegar a ser el "destino" de ella. Cuando calificamos de destino en general, cualquiera que sea su individuo, ciertos acontecimientos es porque presuponemos en todos los hombres ciertas intenciones de vida decisivas al respecto. Sin embargo, habría que decir seguramente: que el padre de alguien sea asesinado y su madre se case con el asesino, será sin duda un acontecimiento agobiador para cualquiera; pero el hecho de que sea el destino de Hamlet será decidido por la esencia de Hamlet y no por la circunstancia de que ese acontecimiento lo haya afectado como a cualquier otro. Los distintos "destinos" son fijados esencialmente desde fuera, es decir, que el factor objetivo aparece en ellos como dominante, pero su totalidad, "el destino" de cada hombre, es determinado por su esencia. Basta apartarse lo suficiente para ver en ello una unidad que no procede de las distintas ocasiones, antes bien cuyo centro se halla en la apriórica facultad de formación de la vida individual; del mismo modo que –con una analogía un tanto chocarrera– la gente no puntual tiene siempre en cada caso un motivo suficiente para llegar tarde, más en conjunto si no es puntual es por ella misma, no por las circunstancias. Es la característica limitación de Kant de que aun proclamando en gran escala para el conocer que la materia del mundo dada se configura por las formas inmanentes del espíritu, por la "legislación universal" de la naturaleza, determinada por el espíritu, no admita, en cambio, para lo práctico, las determinaciones apriorísticas más que a modo de aspiraciones, de valores ideales. Le pasó por alto que aún la vida absolutamente no–teórica, práctico–real, sólo es vida humana, tal como la conocemos, por la circunstancia de que la sustancia del mundo que nos afecta sea formada por categorías que podríamos llamar dinámicas. Si no podemos decir que el mundo que conocemos sea vertido en nuestro interior como patatas en un saco, o que sea la imagen refleja mecánica de algo exterior, tampoco podemos decir que el mundo que experimentamos sea en ambos casos nuestro acto, es decir, determinado por la índole de las energías específicas con que nosotros cabalmente "obramos". La vida, entendida a modo de relación anímica con el mundo, tiene su a priori lo mismo que el conocer, aun cuando no pueda formularse con el mismo rigor que el a priori teórico o que aquél que sólo desde la idea, desde el deber–ser, se acerca a la vida. El "destino" es una de sus categorías.

Evidentemente, el concepto de destino así formulado ya nos enlaza con la exigencia de inmortalidad, como nuestra relación con el mundo lo estaba bajo el aspecto de la pura contingencia. Pero con él en modo alguno queda descartado el acento oscuro que desde allí cayó sobre la vida y que se pone de relieve asimismo en la analogía de la configuración de la experiencia con la configuración del conocer. Por decisiva que la propia energía sintética del yo sea para la formación del mundo del conocimiento, a base del material de los sentidos, el mero hecho de que lo dado, su contenido, no puede construirse exclusivamente a base del espíritu, deja subsistir algo oscuro, insoluble en este mundo. Y es precisamente eso lo que queda para el destino. Sin duda que el acontecimiento exterior, contingente por su origen comparándolo con la teleología de la vida personal, adquiere un sentido al entrar en ella y tomar la forma de destino. En todo caso, su ser–dado implica su procedencia exterior, su condición de núcleo o residuo heterogéneo, que se incorpora a nuestro destino, aunque por lo general no pensemos con intención finalista, salvo cuando el descontento subjetivo nos recuerda su extrañeza. El hecho de que en todo cuanto llamamos nuestro destino, tanto en lo favorable como en lo adverso, haya íntegramente algo no solamente no comprendido por nuestro entendimiento, sino además, aun acogido por nuestra intención de la vida, jamás asimilado; eso, según la estructura del destino, responde al inquietante sentimiento de que sea contingente de algún modo la totalidad necesaria de nuestra vida. Lo contrario y su superación nos lo ofrece el arte: la tragedia nos hace sentir que lo contingente es algo necesario hasta su más hondo fundamento. Sin duda el héroe trágico sucumbe en la colisión entre hechos de algún modo ajenos a él y su propia vida; pero precisamente en ésta está trazado de antemano y de modo totalmente fundamental que así debe suceder, pues de otra suerte su ruina no sería trágica, sino simplemente triste. El efecto "conciliador" de la tragedia reside en suprimir la inquietud de lo accidental en lo necesario y no, por cierto, según un presunto "orden moral del mundo", sino de acuerdo al a priori de vida del sujeto; en este sentido es siempre tragedia "de destino", pues la significación del concepto de destino que la mera contingencia del objeto adquiera significado a través de la dirección de la vida individual, o que se ponga de manifiesto como tal se expone en la tragedia con una pureza que no se advierte en nuestro destino empírico, porque en este caso su elemento de acontecimiento nunca renuncia totalmente a su esencia autónomamente causal, ajena al sentido.

El grupo de problemas de la muerte y de la inmortalidad no tiene absolutamente en todas partes una relación igual con el hecho del "alma", sino que la individualidad del alma diferencia esta relación. Goethe dijo en una ocasión que él estaba convencido ciertamente de nuestra inmortalidad, pero que no todos éramos inmortales de igual modo, sino que la magnitud de nuestra existencia ulterior dependía de la grandeza de cada cual. Esta idea sumamente sugestiva de que el alma vence la muerte, por decirlo así, en la medida de sus fuerzas, o de que su aniquilación resulta tanto más inconcebible cuanto más importante e insustituible sea el alma, se eleva sobre una combinación propiamente antagónica de conceptos.[3] Si muriese una amiba o una rana, lo esencial, insustituible, singular del animal sólo moriría si fuera el último de su especie. En otro caso, vive una descendencia suya que se le parece de modo que no se presta a distinción; por lo menos, en este caso no cabe determinar una individualización de grado más elevado. No sólo en esa descendencia, sino que cabría decir que en forma de esa descendencia, sigue viviendo el animal y es inmortal dentro de esos límites. Donde los individuos no se distinguen entre sí, la inmortalidad de la especie absorbe la inmortalidad del individuo. Por lo tanto, la cuestión de la inmortalidad se plantea cabalmente de modo agudo para el individuo en el sentido de lo no repetible, insustituible.

Haciendo idénticos estos conceptos y el de existencia más elevada en general con el aumento de composición, diversidad y diferenciación

[3] Preciso es subrayar en este punto que todas estas síntesis conceptuales no tienen como intención última la significación real de la idea de inmortalidad. Esta cima metafísica tiene más bien en este caso el mero sentido heurístico de hacer transparente la estructura de los elementos de esencia y valor compendiados idealmente en ella. Por la inmortalidad sostenida, demostrada, modificada, refutada, sería muy grande el número de personas que en nuestro tiempo se interesaría únicamente a título de curiosidad histórica; no vamos a discutir aquí lo justificado o injustificado de ese punto de vista y del contrario. Pero aun suponiendo que fuera una pura imagen de la fantasía, sus motivos y su infraestructura se hallan perfectamente en los dominios de lo real, y estos elementos se ordenan en la idea de la inmortalidad de un modo que en otros casos no suele presentarse. De ahí que partiendo de ella sea posible hacer análisis y síntesis cuyo elevado valor ilustrativo no estriba, pues, en aquel imaginario punto de incandescencia mismo, sino en la luz que desde él se proyecta a los factores anímicos y metafísicos más esenciales.

mutua de los elementos esenciales, las observaciones biológicas parecen apuntar ya, a base precisamente de esta diferenciación, a la génesis de la muerte. Suponiendo que la célula sucumbe por incapacidad de crear en cantidad suficiente sus propios productos de metabolismo, los seres unicelulares tienen toda clase de medios para eludir esa suerte. En cambio, los pluricelulares tienen cada célula rodeada por un líquido del cuerpo, que no puede acoger ilimitadamente sus productos de metabolismo ni, en consecuencia, protegerlos contra un exceso de esto. Por consiguiente, sólo la convivencia de las células en la unión de un cuerpo es lo que hace posible la muerte, la cual, por lo tanto, está condicionada por el propio desarrollo del ser. Esto significa, pues: la muerte sólo se da habiendo previamente aquella reunión de células en una unidad que hace posible una configuración individual (cuantos más elementos, tanta mayor es la posibilidad de una individualización morfológica). Una cosa análoga puede inferirse del hecho de que la regeneración de las células retroceda en la medida en que su diferenciación avanza. La división del trabajo de las células, por más que sea condición de todo desarrollo superior, conduce en definitiva a una tan radical especialización de sus funciones que fuera de ellas periclitan fisiológicamente y se atrofian. Y en las células ganglionares, por ejemplo, la diferenciación está condicionada por el hecho de que la segmentación de la célula ha cesado. Mas cuando así sucede, la vida se obstaculiza, la muerte se prepara. Esto puede compararse a la especialización de las sociedades de elevada cultura, la cual, aun llevando al individuo a una diferenciación inaudita, a una relativa unicidad, lo aparta de la fuente de energía que mana precisamente cuando la personalidad se desarrolla de modo uniforme pero sin llegar al exclusivismo, proporcionándole así un acopio de vitalidad general no consagrada aún a las especializaciones. Y si bien eso no conduce a la muerte, debilita por lo menos la personalidad total, haciéndola frágil y desamparada. Más aún, el desarrollo exclusivo del hombre con vistas a la especialización se marchita a menudo o no llega siquiera a su más alta posibilidad, cuando por decirlo así absorbe en sí a toda la persona sin nutrirse de una energía fundamental, dimanante del centro, en sí todavía indiferenciada.

La misma individualización, que según nuestros conceptos universales de valor constituye el progreso y apogeo del desarrollo, es portadora de caducidad. Teniendo presente la inmortalidad de los seres más bajos de la escala orgánica, es preciso decir que el poder morir es el sello de la existencia superior, lo cual se pone de manifiesto en la fecundidad de los animales inferiores, que se propagan en ejemplares idénticos, y en el descenso de descendencia de los ejemplares humanos más elevados. Por consiguiente, cuando Goethe considera que la inmortalidad es en cierto sentido un privilegio de la aristocracia espiritual, eso significa que el hombre necesita la inmortalidad en la medida en que pertenezca a esta aristocracia, en la medida en que sea incomparable y cualitativamente único, debiendo fundarla en aspiraciones especiales. Sólo esos hombres "únicos" perecen totalmente, sólo su muerte modifica la condición de la imagen del mundo (cosa que no logra la muerte del hombre corriente como tal), puesto que su cualidad extinguida en un sitio subsiste en otros innumerables. Formulado en términos generales, esto significa que el individuo es mortal, pero no la especie; toda especie es mortal, pero no la materia; por último, la materia puede perecer como caso especial del ser, pero no el ser. [4]

Frente al ente individual tenemos, en la medida de su individualidad, la impresión –que evidentemente sólo puede expresarse en forma imperfecta y con conceptos bastante inocuos– de que va viendo desde sí mismo, es decir, que dentro de esta existencia toda la materia del mundo acogida reciba forma de fuerzas peculiares hasta convertirse en relativamente única; de suerte que el resultado de esa formación, que a título de conducta práctica y representación teórica del mundo, de creación y matización de sentimiento, constituye la imagen esencial última, dista más de aquella materia del mundo, que afluye y es ofrecida también a todos los demás, que en el promedio de estos otros. Precisamente de estos entes promedios se saca la impresión (todo esto, naturalmente, entendido *cum grano salis* y de modo absolutamente relativo) de que el mundo

[4] Por lo menos nuestras formas de pensamiento no permiten otra cosa. Podemos imaginar perfectamente que de antemano no haya ningún mundo; pero una vez que existe el ser, tan imposible nos es imaginar su desaparición en la nada como que surja de la nada. Aun la creencia de que Dios creó el mundo en el tiempo hace inevitable que Dios existiera. Ahora bien, si existe desde la eternidad, existe como ser que no ha comenzado, que entonces puede ser por principio el ser del mundo; mas si se hace que él "se cree a sí mismo", la voluntad impertinente, con el auxilio de nuestros conceptos humanos de penetrar lo absolutamente impenetrable, se venga en la absoluta inextensibilidad de ese expediente, por más que pueda utilizarse poéticamente. Ninguna determinación del ser puede fascinarnos; mas, puesto algún modo de ser, el hecho de que califiquemos con el abstracto ser determina irrevocablemente para todo claro pensar (evidentemente, siempre sólo para nuestro pensar) la imposibilidad de que haya tenido principio y la de que tenga fin. No hay una entropía del ser.

que les afecta en cierto sentido pasa por ellos sin modificarse; viven, es decir, configuran el fenómeno de conjunto de su vida, a base de los ofrecimientos de esa materia, naturalmente, bajo la acción del a priori de la especie. Frente a ese fenómeno de vida genérica, que proporciona por decirlo así el mundo con sus influencias y materiales, haciéndose así inteligibles desde éstos, aparece en aquel ente el a priori personal, la fuerza de configuración de su ser y obrar producida en su interior, de modo tan preponderante, determinando tan central el fenómeno de la vida, que ésta precisamente, por su índole, puede expresarse así: viven desde sí mismos, son, diciéndolo metafóricamente, *causa sui, no effectus mundi*. El ente inindividual vive una vida que no es totalmente suya, que no acaba de ser la forma de lo suyo, pues para que haya posesivo se necesita un poseedor, una persona. El mundo del hombre promedio, lo mismo en el sentido del representar que en el del configurar práctico, es como un efecto al portador, el del hombre individual como un efecto nominativo.

De ahí que si no se considera el mundo por la extensión numérica de los conceptos en él realizados, sino en su especialidad cualitativa, pierda más aquél con la muerte del hombre individual que con la del no-individual. Con aquel perece un *quantum* de mundo mucho mayor que con éste, cuya esencia y haber interior se toma de antemano como herencia y como herencia se deja al morir. Quien pasa su vida en la forma y con los contenidos del tipo de la especie es propiamente inmortal, por lo menos hasta donde lo sea la especie. Sólo el individuo muere totalmente, con lo cual no se hizo sino conquistar la expresión más pura y más radical de lo que se insinúa en la fase fisiológica: que la complicación y diferenciación de los seres señala el camino del desarrollo en que, desde la inmortalidad de principio de los unicelulares, llegan a la muerte; que, como dice un biólogo, la muerte es el precio que tenemos que pagar por llegar a la altura del desarrollo diferencial.

Visto desde las últimas categorías, esto puede presentarse aun de otro modo. Nos imaginamos la sustancia material como imperecedera en el tiempo, y toda porción individual, considerada puramente como materia y prescindiendo en absoluto de toda forma, es absolutamente única; sería lógicamente absurdo que "la misma" porción de materia existiera dos veces. Lo imperecedero de la forma, considerando asimismo como tal y más allá de toda materia, es totalmente diferente; como un concepto o como una verdad, se sustrae totalmente a la duración temporal, y como ellos es también único. Por más que pueda haber innumerables cosas de la misma forma, la pluralidad de la forma pura sería un contrasentido tan grande como que un concepto (que puede ser pensado y realizado varias veces) existiera varias veces como concepto. La misma materia indestructible puede pasar por un número infinito de formas, la misma forma inalterable puede realizarse en un número infinito de porciones de materia. Como la materia y la forma, cada una indestructible en sí, pueden así desplazarse mutuamente, forman las cosas singulares destructibles, puesto que destrucción significa que se disuelve la unión de materia y forma. Cuanto más firme y solidaria sea esa unión, tanto más radical, tanto más destrucción es su efecto. Cuando, como ocurre con la propagación de los animales inferiores, la forma pasa como si dijéramos sin conmociones a otra cantidad de materia, cuando la forma, pues, no parece de antemano rigurosa y estrictamente unida a esa determinada porción de materia, no hablamos propiamente, como ya indiqué antes, de destrucción. Por el contrario, cuando la forma está unida a esa determinada materia de modo que no parece pudiera existir en otra, puede sobrevenir la destrucción en su más cabal medida, pues la forma, cuando ha abandonado esa única realización, en este caso está completamente aniquilada. De ahí que no sea un mero reflejo de valorización que frente a una estatua rota tengamos una sensación de aniquilamiento mayor que frente a un florero roto: la forma idealmente superviviente puede sin más realizarse de nuevo en otra porción de materia en el último caso, mientras que en el primero es de presumir que no, prescindiendo de la reproducción mecánica, que ante todo presupone también la integridad. La forma, aun cuando sólo se realice una vez, tiene su validez intemporal; no puede morir porque no vive, sino que sólo idealmente existe. Pero llamamos individual una configuración, cuando se ha elegido –metafóricamente expresado– una única porción de materia para formar con ella una realidad, después de cuya destrucción ya no se prestará a otra realización. De ahí que sintamos el aniquilamiento de lo individual como una pérdida, para decirlo de modo platónico, en el reino de la idea, a pesar de que ésta, es decir, la forma, no pueda perderse, y aunque sí su única posibilidad de realizarse; y de ahí que para un ente la muerte sea, por decirlo así, tanto más fundamental cuando más individual sea él puesto que eso es la verdadera definición de la individualidad. La traducción a lo anímico es perfectamente clara sin mayores requisitos. En este sector, a la materia en su existencia de duración temporal corresponde el complejo de típicos procesos o contenidos de lo psíquico, que para los espíritus pensantes sirven de material común para el proceso de la vida espiritual y para edificar los mundos de la representación. Ahora bien, ese material es llevado, gracias a la forma anímica que denominamos personalidad, a muy diversas configuraciones, y por cierto que en una unión más o menos estrecha entre contenido y forma. Muchas configuraciones dejan que la forma a que ellas llevaron el material de conocimiento y destino, de sentimiento y voluntad, de fantasía y experiencia, se repita en el mismo material existente en cualesquiera otras personalidades. En tal caso estamos frente a una "individualidad" relativamente pobre, es decir, que la destrucción de la imagen de conjunto sólo separa elementos que en realidad no estaban rigurosamente encadenados. Mas en otros, esa destrucción deshace una síntesis que ya nunca volverá a hallarse reunida la forma especial de personalidad que dejó de estar adherida a la materia de la vida, ya no se posará en otra; el producto ha muerto realmente, es decir, era realmente individualidad. También en este caso es imperecedera la forma en sentido intemporal, y la materia es imperecedera en sentido temporal (relativo). Cuando una y otra se encuentran, nace la individualidad real cuanto más ligera y, por decirlo así, escurridiza sea la unión, o sea, cuanto menos sea individualidad en sentido exacto. Cuando lo es en una medida absoluta, cuando la forma eterna sólo se realiza, temporaliza, materializa, en esa porción de materia de la vida, entonces la destrucción de la imagen de conjunto significa que la forma se ha despedido irrevocablemente de la realidad. Sólo la individualidad, es decir, el punto en que las dos imperecederas se habían entrelazado tan fuertemente, como si una perturbara la eternidad de la otra, puede morir realmente.

Ahora bien, como la individualización, la insustituibilidad, la unicidad de la imagen que nosotros vivimos se valora como un máximo vital, el hecho de lo absoluto de la indicación de muerte, dado precisamente con eso, provoca en esos seres una tensión inaudita entre la vida y la muerte. En ella se basa la interpretación ya mencionada de la idea goethiana de inmortalidad. La vida más acrecentada, más agudizada, la que se siente más expuesta al aniquilamiento, posiblemente sea la que (a reserva de todas las diversidades caracterológicas) más se subleve contra él y supere con la exigencia de inmortalidad esa paradójica tensión. Por eso entendemos, a base de la más intensa amenaza de muerte precisamente de la individualidad más recia, que Goethe quisiera reservar el máximo grado de inmortalidad a la personalidad de más extrema significación, considerando que a medida que esa significación disminuía se justificaba cada vez menos la exigencia de inmortalidad. Aun el cristianismo hizo actuar esa tensión, aunque, naturalmente, bajo premisas muy distintas. Al fin y al cabo, es perfectamente innegable que con el cristianismo se abre paso una fuerte tendencia individualizadora al lado de todas las tendencias niveladoras de aquél, y hasta en parte precisamente en la base de éstas. En efecto, en modo alguno puede decirse que la individualización tenga sólo como sentido una diferenciación cualitativa de hombre a hombre, aunque ésta en modo alguno perdiera con el "medrar con la propia libra" y muchas otras cosas. La individualización significa también, y quizás ante todo, la responsabilidad del hombre ante sí mismo, que él no puede delegar a otro y que nadie puede arrebatarle, y que sólo puede tener lugar manteniendo rígidamente unida la periferia de la vida a un centro unitario, a la "persona" propiamente dicha. En la absoluta auto–responsabilidad del alma, cuando ésta está desnuda ante su Dios, y por cierto que en todo momento de la vida, veo yo el más hondo meollo meta–ético del cristianismo. Desapareció toda justicia legislada, toda solidaridad de estirpe o de otra índole social, toda obliteración del último punto de la personalidad por las opiniones del mundo y por el curso de la propia vida pasada: sólo hay el alma y Dios. Mas esta auto–responsabilidad, que nada absolutamente atenúa, como seguramente no se alcanzó en otro caso con tal intimidad y al propio tiempo personalidad, constituye notoriamente una carga insoportable para la mayoría de las almas. Fue reducida primero a la medida de lo soportable cuando se hizo que Cristo muriera y expiara por nosotros, hasta que luego las iglesias la hicieron más llevadera para los hombres del cristiano medio gracias a la intercalación de instancias intermedias más familiares, toda suerte de medios de gracia, la indicación de determinados medios de salvación. Por el motivo fundamental: que el hombre, colocado únicamente sobre sí, sólo es responsable ante Dios, ya no pudo ser aniquilado en su efecto inmensamente individualizador, personalizador, y produjo una configuración y acentuación totalmente nuevas del yo individual. Pero con eso el radicalismo de la muerte, su inmediata proximidad a las raíces del sentimiento de la existencia, se habrían desarrollado de algún modo tan instintivamente como corresponde precisamente al máximum de desarrollo de la individualidad, y a ello debe quizá su enorme peso la inmortalidad dada con el cristianismo, que entonces, sin embargo, recibió una naturalidad y una seguridad totalmente nuevas. El individuo colocado totalmente sobre sí mismo se balancea en cierto sentido sobre la punta de un alfiler; en la profunda amenaza solidariamente unida a su situación en la vida, no puede prescindir del sostén que le proporciona la idea de que al fin y al cabo nada puede hacerle la muerte.

La idea de inmortalidad lleva anexo a modo de condición o de consecuencia suyas un problema cuya estrecha e íntima vinculación con ella no ha sido apreciada, sin embargo, en todo su peso por las especulaciones o formaciones de dogmas relacionadas con ellas que se han sucedido desde la era cristiana. El problema proviene –a mi juicio– de la enorme paradoja de que un alma, que sólo existió a partir de un momento determinado, haya de seguir existiendo ahora hasta lo infinito. Esto me parece una injustificada pretensión y usurpación de intemporalidad por parte de un acontecimiento meramente histórico. En modo alguno puede considerarse contraria a razón la idea de que haya un azar en el nacimiento de la vida humana individual como evidentemente trató de hacer la astrología al enlazar sus horóscopos al engranaje total del cosmos el día y hora del nacimiento. La idea de que a ese azar meramente histórico, empírico y hasta propiamente sin sentido haya de vincularse sin más la eterna consecuencia de que de una procreación humana finita datable, por el solo hecho de ser real, haya de depender el reino de las almas inmortales redimido de toda finitud, tiene algo incongruente y de algún modo contradictorio a la exigencia de sentido en que surja una tan poderosa fuente de creencia en la inmortalidad. Lo mismo lógica que metafísicamente se plantea esa contradicción en cuanto se reconoce como correlato de lo imperecedero del alma la idea de que no puede haber tenido comienzo.

Sin embargo, importa considerar que esa inadecuación entre el comienzo finito y lo infinito de la existencia ulterior se presenta también en un fenómeno del mundo objetivo del espíritu y que en nada redunda en detrimento de la innegable realidad de este fenómeno. Todo cuanto calificamos de realizaciones "inmortales" del espíritu humano, todas las ideas y descubrimientos, obras y revelaciones en alguna forma conservada (aunque no sea más que en la de tradición oral), nacieron cada vez en un espíritu que antes no existía, y, dentro de él, brillaron a su vez en un momento histórico, antes del cual acaso se prepararan, pero desde luego no existían. Por inmortalidad de esos valores entiendo, en este caso, no sólo su persistencia de generación en generación, que es al fin y al cabo algo histórico y limitado en el tiempo. Antes bien –así tenemos que considerarlo– el mundo se enriqueció para todos los tiempos gracias a ese elemento que entonces se incorporó a él, siendo en conjunto a partir de ese momento tanto más valioso que antes, sabido o no por una conciencia, y el hecho de que ese ahora real haya sucedido, sido pensado, creado, no puede borrarse del suceder, sigue siendo una plusvalía supertemporalmente irrevocable del total de la existencia. Expresándolo un tanto metafísico–fantásticamente: gracias a toda obra de arte verdaderamente original, a toda idea religiosa verdaderamente creadora, de conocimiento o que dé algún sentido al ser, el reino de la idea se enriquece con un nuevo contenido, al igual que, como ejemplo y símbolo, una forma artística puede ser reproducida a través de todos los tiempos, modelo eterno cuyo espíritu e ideal significación subsisten aun cuando el original de su materia tangible haya sucumbido tiempo ha. En este caso tenemos, pues, otro nacimiento temporal de lo intemporal, una extensión infinita, sustraída a toda contingencia, desde un punto temporal y de partida innegablemente histórico y por lo tanto relativamente contingente. En vista de ello podría declararse sencillamente liquidada aquella desorientadora antinomia entre la génesis temporal y la prosecución supertemporal de la vida, pues en este caso la relación análoga formalmente exacta se ofrece como simple realidad, no interrumpida por dificultades de reflexión.

Y, sin embargo, el problema no queda acallado con eso, ni siquiera visto desde el lado de esta analogía. Por su contenido, por aquello de que únicamente se trata aquí, la creación espiritual se halla de antemano en la esfera de lo intemporal. Distinguimos su contenido, espíritu, sentido, significación o como quiera llamársele, del proceso psicológico–histórico mediante el cual se produce aquello en un momento determinado en un ser determinado para la conciencia y para su ulterior existencia histórica. Mantener una separación entre el contenido de la idea y su portador, entre el producto espiritual según su significación real y según el proceso causal (presunto) de su producción, es una aspiración fundamental dada con nuestra estructura espiritual (también ella con indiferencia del momento en que realmente sea planteada por la conciencia metódica). O sea que precisamente en el aspecto decisivo parece fallar la analogía. En efecto, la inmortalidad añadía a la serie histórico–contingente de la vida, por el solo hecho de haber tenido ésta un principio, la serie superempírica, supercontingente, de la vida extendida al infinito.

Pero lo de algún modo sentido como inadecuado e interiormente inconexo de esa representación impide la inmortalidad de lo objetivamente espiritual, porque su contenido imperecedero, como queda dicho, se halla de antemano en el estrado de lo intemporal, superhistórico por la idea, mas su génesis en el mero suceder totalmente distinto de la realidad causal y determinada temporalmente. En este caso ni siquiera llega a la paradoja porque lo mutuamente inadecuado no queda comprimido en una serie.

Ahora bien, este pensamiento cambia otra vez de aspecto. Yo indiqué que aquella dificultad de la idea de inmortalidad da a entender una preexistencia del alma. Si el alma existe desde siempre y con anterioridad a su aparición en este cuerpo humano, el momento histórico de su aparecer en éste no tiene la menor significación existencial absoluta para ella; puede considerarse tranquilamente como casual, pues su actual aparición es sólo una porción de su vida continua que se desarrolla antes y después. Pues bien, si la obra espiritual objetiva, producida en un momento determinado por un individuo determinado de ese momento y de ese individuo, entonces esa notable conjunción de dependencia causal respecto del productor histórico e independencia ideal interna con respecto a él se condensó en la idea: los grandes pensamientos "eternos" de la humanidad existirían realmente en una especie de eternidad ideal, y en un momento casual o, mejor dicho, en el momento correspondiente a la situación de la historia del espíritu, serían sólo realizados, sólo descubiertos, no inventados, por sus "creadores". Por fantástica que sea, esta representación expresa el estado de cosas genuinamente real, irrebatiblemente sensible, aun cuando nosotros no lo comprendamos con claridad. Los artistas tienen a menudo la impresión de que no son propiamente los creadores de sus obras, sino que se limitan a copiar la visión de algo que existe idealmente; Miguel Ángel lo expresa diciendo que es como si la estatua estuviera preformada en el mármol y que él no tuviera que hacer sino tallarla. Es totalmente innegable que se funda precisamente en esta impresión fundamental la interpretación del conocer por Platón a modo de reminiscencia de la contemplación preexistencial de las ideas eternas. O bien se ha dado un sesgo histórico al enigma metafísico, como si las grandes ideas fueran un patrimonio eterno de la humanidad que por un individuo relativamente casual, por el que tiene la "misión", son llevadas del estado de latencia a actividad y conciencia. De ahí que, frente a pensamientos profundos y esenciales que oímos por vez primera, sintamos también a menudo la impresión de que realmente hacía mucho tiempo que los sabíamos y que lo único que se hizo ahora fue formularlos. Por borrosa que siga siendo, por entrecortada, simbólica o balbuceante vuelve a presentarse la analogía de acuerdo con el motivo fundamental: la inmortalidad aspira a un correlato hacia el otro lado de la realidad temporal empírica, hacia la no existencia de un comienzo. Sólo a condición de que la vida no se apoye por principio en la forma de la limitación empírica, de que no haya surgido como cosa singular en la tierra, antes bien como resorte de una existencia eterna, ya no será su inmortalidad un salto intolerable desde un orden de las cosas a otro totalmente heterogéneo. La transmigración de las almas expone esta eternidad de la vida como en una refracción prismática en innumerables existencias, de matices distintos, individualmente delimitadas. La muerte no es entonces más que el fin de una forma individual de la vida, pero no el fin de la vida que apareció en ella.

Premisas y relaciones histórico–espirituales lo mismo que internas–reales de la creencia en la metempsicosis proceden a menudo de decisiones dentro de las distintas categorías de la vida. La primera y más importante es la requerida por la pregunta: ¿qué vida termina con la muerte? ¿La persona–individual? Entonces no se comprende que la próxima existencia pueda considerarse como la del mismo sujeto no destruido. Pero si precisamente se conserva la personalidad en todas las migraciones, resulta difícil de indicar qué permanece en esa identidad, si ahora vuelve a nacer como príncipe, luego como tigre, luego como mendigo, luego como chacal. ¿Qué contenido del ser o de la conciencia permanece, pues, propiamente para caracterizar todas esas manifestaciones como manifestaciones precisamente del mismo sujeto? Modos de representación reseñados históricamente presentan esta alternativa en oposiciones polares. En pueblos muy primitivos impera la creencia de que el recién nacido es un difunto que ha vuelto a nacer. En un poblado de negros se muestra al recién nacido chucherías que habían pertenecido a difuntos de la familia; si alguna le llama especialmente la atención, se considera que es el propietario de ella que ha vuelto. "¡Es el tío Juan, reconoce su pipa!". El sacerdote maorí muestra al recién nacido los nombres de los antepasados: si ante uno de ellos estornuda o grita, se considera que es su reencarnación. Esto es notoriamente la forma más tosca y extrema de la segunda venida, que apenas cabe calificar de metempsicosis, porque equivale a una repetición del difunto en toda su realidad corporal–

anímica. Pero ofrece el máximo extremo del individualismo, que en muchas gradaciones constituye una forma metempsicosis. El extremo de la otra dirección fue llevado a la plena conciencia por la doctrina más profunda del budismo, especialmente de la época tardía. A la duda ética de la pena con que los pecados de un yo anterior pretenden expiarse en otro nuevo que no ha pecado, replica el budista: es una cuestión erróneamente planteada de antemano, pues no existe un yo pecador y un yo castigado. Sólo hay pensamientos y actos, por decirlo así, naturales–impersonales, que en un momento dado se juntan en un agregado; en un agregado posterior, relacionado con aquél por transmisiones causales, se manifiestan precisamente los efectos persistentes de aquellos elementos anteriores o estados de elementos. Por lo tanto, pecado y pena no existen en dos sujetos separados que se unan por un yo continuado, sino que se comportan sencillamente como un acaecer y su efecto, acaso muy posterior, que se desarrollaron en dos complejos sin sujeto de elementos físico–psíquicos. Tampoco esa máxima exaltación de la impersonalidad permite notoriamente una verdadera metempsicosis, porque se niega de antemano un alma que esté más allá de sus contenidos de obrar y padecer de cada momento, la cual, por lo tanto, tampoco puede permanecer a través de varias existencias corporales asociadas con una diversidad de tales contenidos. Entre estos dos extremos se hallan las posibles representaciones de metempsicosis cuyas clases dependen del concepto que en cada momento se tenga de la "personalidad".

Ahora bien, a mí me parece claro de antemano que concibiendo el "alma" como de algún modo sustancial y en los contornos nítidos de la conceptualidad europea, es totalmente irrealizable para nosotros su transmigración de un príncipe a un tigre y de éste a un mendigo; entendiendo sustancialidad no en el absoluto sentido de tiempos anteriores, sino como símbolo abreviativo del sentimiento de una identidad persistente, en definitiva fija, de la persona. Esta imposibilidad existe para puntos de vista totalmente diferentes. Partiendo de la unidad físico–metafísica, orgánica, de cuerpo y alma, se burla Aristóteles de la doctrina de la metempsicosis que pretende que almas de cualquier clase se alojen en cuerpos de cualquier clase: del mismo modo podría el arte del carpintero expresarse en flautas; en realidad, esta alma determinada sólo está unida y sólo puede unirse a un cuerpo determinado. Partiendo del individualismo moral del siglo XVIII, Herder no acierta a comprender que para el cruel haya de ser un castigo volver a nacer como tigre, pues como tal podrá dar rienda suelta a sus instintos sanguinarios mucho más fácil y radicalmente, y por decirlo así, mucho más alegremente, que siendo hombre. Pero en esa caracterología supeditada personalísticamente no puede basarse la metempsicosis hindú, aun en su sentido ético. La "sanción" ética no va unida a la claramente circunscrita identidad del yo, como Herder se imagina a éste, antes bien es algo objetivo y cósmico, y consiste precisamente en que una atrocidad como la sed de sangre, si realmente se ha producido, sólo puede realizarse en una medida acrecentada, pura, como si dijéramos absoluta. Lo atroz como accidente se castiga haciendo que se convierta en cada vez más atroz en un autodesarrollo real–lógico. Tal vez pudiera decirse con un giro de libre interpretación: lo que se castiga no es la persona del sediento de sangre, sino el mundo en que se da una cosa así. La alambicada cuestión relativa al sujeto de la transmigración de cuerpo a cuerpo está mal planteada y, por tanto, no puede recibir una contestación satisfactoria. La propagación de la creencia en la metempsicosis entre los griegos hace pensar, a pesar de toda la independencia, autarquía y característica determinación de su personalidad, que su concepto de yo no poseía la profundidad y absolutidad que llegó a tener en la época cristiana. El cristianismo, que para su posición fundamental y para sus aspiraciones necesitaba la forma de la personalidad centrada en sí, responsable de por sí, y que dejaba al alma humana a solas con su Dios o extendía al mundo entre ella y Dios o aun facilitaba la relación por medio de la Iglesia, por esta misma razón nada podía hacer, evidentemente, con la metempsicosis, la cual no aparece más que en los gnósticos y albigenses a base de un préstamo, que no tuvo seguidores, debido a contactos ocasionales; en todo caso, se halla en Orígenes la observación de que la miseria de la vida humana debe considerarse castigo de pecados antes cometidos, pues de lo contrario Dios sería perverso. Por lo demás, no pretendo negar que prescindiendo de lo abstracto e inconcebible de la doctrina y fijándose en su entraña ética la progresiva purificación del alma hasta que ésta llegue a ser madura y digna para la bienaventuranza esa entraña se muestra en ella más hermosa y más satisfactoria que en la correspondiente representación cristiana del Purgatorio. En efecto, a pesar de la profunda sinceridad y emoción indescriptible de la jocunda disposición con que Dante hace que las almas soporten sus expiaciones en el Purgatorio, no puede descartarse el factor pasividad de esa causación de dolor, factor que predomina totalmente en las imágenes populares, más robustas, del Purgatorio. El motivo de las formas superiores de metempsicosis, de suma importancia ética comparado con el anterior –que siempre vuelva a darse al alma la posibilidad de redimirse a sí misma en libertad, y que así tenga que lograrse en definitiva, a pesar de la libertad de volver a equivocarse, gracias a que se dispone de tiempo infinito– es más digno y profundo que el ser redimido por dolores causados exteriormente.

Si fue imposible que la pregunta acerca del sujeto que podríamos llamar sustancial, que pasa de cuerpo a cuerpo, se contestara dentro de las categorías de nuestra actual conceptualidad, tal vez precisamente de acuerdo con ella quepa atenuar un tanto lo inconcebible de la doctrina sustituyendo el modo de representación sustancial por el legal–funcional. Cabría concebir una significación de la individualidad que no estuviera supeditada a los distintos "rasgos de carácter" cualitativamente determinables, sino a la forma especial en que en cada momento están enlazados los elementos anímicos. Cómo entre éstos se destaca uno solo como dirigente, en qué modo lleve esta dirección; si frente a ella están relativamente nivelados los demás elementos o si se da también entre ellos una jerarquía francamente activa por grados de importancia; si el desarrollo está determinado por una progresiva unificación o por una progresiva diferenciación, y aun antagonismo, entre los rasgos esenciales; en qué ritmo alternan las concentraciones y las vacuidades en la serie de contenido de la vida interna; en qué medida todo elemento está determinado en su valor por la proyección de sombra, por decirlo así, de los que lo rodean, todo eso y mucho más no puede descubrirse en ningún elemento o rasgo singular del individuo, ni tampoco *pro rata*, antes bien significa sólo la relación formal de ellos entre sí, la cual puede exponer parejamente por los complejos de contenido, cualitativa y dinámicamente más distintos, de las almas vivas. Esas relaciones a que acabamos de aludir son, naturalmente, meras escisiones de emergencia y a posteriori de una ley de esencia, unitariamente activa, la cual, como algo puramente funcional, se halla por encima de todos los contenidos singulares imprimiendo a su totalidad un sello inconfundible, poco más o menos como se habla del estilo a modo de un conjunto de realizaciones humanas que por sus determinaciones concretas son absolutamente incomparables, o del "habitus" de las plantas que, por encima de todas las formas individuales y de su divergencia eventual, se desprende de ellas como impresión de conjunto, sin que pueda atribuírseles nada individual. Esta ley de esencia no es, pues, una abstracción de muchos individuos, sino que corresponde al individuo como su más genuina propiedad y característica. Mas con todo eso tiene el carácter de intemporalidad, el mismo que corresponde a la ley natural, con la sola nota adicional de que sólo puede constituir la ley o la forma de un solo fenómeno individual. Fenoménicamente puede repetirse en individuos diversos, no vinculados temporal y espacialmente; lo cual es un accidente externo, que no afecta a lo esencial de esa ley; por su sentido interno, está totalmente unida al fenómeno, individualizado precisamente de esta suerte. En efecto, los distintos elementos, denominables por su contenido, del alma individual inteligencia o limitación, interés o sentido embotado, bondad o maldad, tendencia religiosa o mundanal, etc. ésos sí tienen naturaleza universal, precisamente ellos son concebibles como conceptos generales que, realizados como relativamente iguales, son distribuidos por la humanidad en combinaciones de infinita diversidad. Lo que por vez primera nos aproxima más hondamente al punto de unicidad del individuo es, más bien, el modo de relación funcional de cada uno de los elementos, modo que es lo universal de ese individuo, su ley esencial que él –a diferencia precisamente de cada uno de los elementos– no puede compartir con los demás, como no puede tener su vida en común con ellos. Y entonces la intemporalidad de esta ley, la forma ideal de la realidad individual, admitiría quizás –especulativamente– el siguiente giro de la metempsicosis: que nada de esta realidad, sino sólo aquella forma suya, la ley de esencia de su funcionamiento, de sus engranajes inermes, pasa a un ser, distinto en todo aspecto de contenido, pero cuya existencia se enlaza directamente con aquella ley, pudiendo valer con ella a modo de individuo viviente durante infinitos lapsos de tiempo, porque todo posterior, caracterizado y estrictamente individualizado como único por la misma forma de función, sería continuación de todo anterior, sería "uno" con él en el sentido más profundo. Lo que entonces sobreviviría a la muerte no sería el alma en su sustancialidad histórico–real, sino una intemporal forma de esencia que se expone unas veces en tal complejo de realidad, otras en tal otro, y sólo tendría la nota especial de que esos complejos forman una sola serie que transcurre en el tiempo y se estructura en períodos mediante la muerte de las distintas realidades, al igual que el proceso de nuestro mundo en conjunto posee una individualidad (por condicionalidad espacial, ordenación causal, sistema conceptual, etc.), que sólo se realiza en el decurso único de un tiempo de una sola serie. Bien que este pensamiento no sea menos fantástico que otras modalidades de la metempsicosis, esta continuidad de los individuos que se relevan mutuamente, y que se mantienen unidos por la ley de esencia, que corre por todos ellos independientemente de sus condiciones temporales, y que transmite uno a otro, me parece de algún modo más profunda y más libre de contradicciones. Ahora no es un "alma" que permanece igual a sí misma la que corre por cuerpos totalmente distintos, sino que totalidades de esencia que en acciones recíprocas entretejen todos sus elementos muestran una forma común, independiente de todas las condiciones temporales, precisamente de esas acciones recíprocas, un "habitus" de por sí sensible de sus funciones vitales; de esta suerte forman un individuo temporalmente ilimitable e incomparablemente singular, cuyas secciones de vida se señalan por el nacimiento y la muerte de cada individuo con su ilimitado margen de divergencia para contenidos de vida, fuerzas y cualidades.

Mas en este punto, con carácter mucho más realista, se enlaza una analogía que sin restar a la idea de metempsicosis nada de lo que la hace increíble, reduce algo lo que tiene de abstrusa. Aquel individuo que realiza su unidad de acuerdo con la misma ley de esencia de infinitos individuos, yuxtapuestos entre sí, encuentra su semejanza en la realidad concreta de la vida de cada uno de esos individuos. El alma de todo hombre camina entre el nacimiento y la muerte por un número inconmensurable de destinos, estados de ánimo, épocas extremadamente opuestas, que, vistos en su contenido, ofrecen fenómenos de conjunto totalmente extraños entre sí. Pero la individualidad del sujeto los hace entrar en un cuadro unitario: así como el timbre de la voz de un hombre permanece igual por más que varían las palabras que diga, así permanece un timbre fundamental, un ritmo fundamental, una relación fundamental para todo cuanto esa vida haya experimentado, una como si dijéramos ley de forma apriórica de su obrar y padecer, que sobrevive al extinguirse cada uno de los contenidos y, a título de individualidad del todo, se transmite al siguiente.

De ahí que el alma que circula por muchos cuerpos y vidas no sea otra cosa que el alma de la vida individual "escrita en letras mayúsculas", y la transmigración del alma nada más que una grotesca ampliación, un devenir–radical y devenir–absoluto de ciertas experiencias de la vida diaria, relativa. Si nos hacemos una idea clara de las modificaciones que provoca en nosotros su marcha entre el nacimiento y la muerte, muchas veces parece que su envergadura es apenas menor de la que existe entre más de una existencia humana y más de una animal. Ninguna vida considerablemente movida carecerá en ocasiones del sentimiento de que sus polos de oscilación tocaron los límites no sólo de la existencia humana sino de toda existencia que quepa imaginar, de que abarca no sólo contradicciones –una contradicción entraña siempre una correlativa solidaridad de sus lados–, sino alejamientos, indiferencias no susceptibles de contacto, que al fin y al cabo sólo pueden ser abarcados por aquella ley de esencia, que no cabe formular directamente, y por el hecho de que esos contenidos se acomoden entre sí en un fluir continuo, en la continuidad temporal de un proceso de vida. Primero en los contrastes del desarrollo típico –el niño balbuciente, el adulto en el apogeo de su fuerza creadora, el anciano provecto– se alude a estos fenómenos como una unidad, como debidos a que los recorre un río de vida, que, sin embargo, no pueden dar a sus contenidos ninguna clase de unidad y comparaciones, y que, supuesto que la metempsicosis existiera como hecho, no necesitaría por decirlo así de mayor esfuerzo, por lo menos de un esfuerzo fundamentalmente orientado de otro modo, para acoger en su continuidad formal los contenidos, algo más distantes todavía, de hombre y hombre y aun de lo humano y lo animal. Entre el único nacimiento y la única muerte nos sentimos innumerables veces como un "convertido en otro" –corporalmente, anímicamente, en punto a destino– y, evidentemente, sentimos que el "alma" es la misma, que atraviesa todo eso, sin que por nada singular quede desteñida en su condición de alma; de lo contrario, sería incomprensible que mañana despertara a la misma vida anímica algo diametralmente opuesto. Hay algo que permanece en nosotros que ora somos prudentes y necios, ora bestias y ora santos, ora bienaventurados y ora desesperados (aquí, el "permanecer" es una rígida expresión de emergencia, inadecuada, para indicar la actitud del viviente que en nuestra alternativa conceptual inevitable entre permanecer y devenir–otro sin duda no sucumbe, sino que es algo unitario más allá de aquélla, lo cual sólo puede experimentarse mas no designarse). Una obra mecánicamente determinada es, naturalmente, otra en cuanto se altera cualquiera de sus notas, puesto que no posee una real unidad interna que las mantenga unidas; y si, a pesar de que sus notas ya no sean exactamente idénticas, se la califica todavía de "una" por razones conceptuales técnicas, en realidad ya no es ella, sino otra. Pero el ente vivo en rigor sólo el animado, se comporta de otro modo. De él nos imaginamos que también habría podido obrar, ser determinado y hasta ser de otro modo sin perder su identidad, porque todo lo indicable en él es soportado por un yo persistente, situado más allá de cada una de sus notas y acciones. De ahí que tal vez sólo de un hombre pueda decirse que habría podido ser otro que como es, mientras que todo otro ente ya no sería "él" en este caso. En este punto se halla notoriamente el enlace de la idea de libertad con la idea del yo; por él se comprende cómo esa polaridad y singularidad de diversos estados de ánimo y destinos, decisiones y sentimientos, sean las divergentes oscilaciones de un péndulo que finalmente se detiene en un punto indesplazable.

Contemplando la metempsicosis desde este cuadro de nuestra realidad, aquél parece haberse reflejado en ella simplemente como en un espejo amplificador. Con la metempsicosis, el enigmático hecho fundamental de la vida que un ente sea siempre otro y, sin embargo, siempre el mismo no hace sino distenderse en una más tosca distanciación de los momentos. O, mirándolo desde la creencia en la metempsicosis, cada vida individual es una abreviatura de la existencia del alma que se extiende por inmensos tiempos y formas, algo así como la interpretación que se ha hecho de la vida individual a modo de recapitulación de la vida de la especie o como cada uno de los días, en las diversas resonancias de placer y dolor, en las vibraciones entre las sensaciones de fuerza y debilidad, de plenitud y vacuidad de las horas, en las alternancias de creación y aceptación, es un cuadro en miniatura de la vida total. Los distintos cuerpos por los cuales pasa el alma son sólo materializaciones y fijaciones de los distintos estados que el alma, puramente como alma, produce y experimenta en sí. El destino del alma entre el nacimiento singular y la muerte singular corresponde al destino del alma entre el primer nacimiento y la última muerte, como las doctrinas de la metempsicosis los describen. Ambos expresan simbólicamente el relativismo de la vida y de la muerte, relativismo cuya síntesis absoluta fue suprimida al comienzo de estas páginas, elevándolo, con esta interpretación, del mito a una cima libremente construida.

Impreso por CaRol-Go S.A. en junio de 2005
Av. Alicia Moreau de Justo 1930 | 5º piso | of. 505
(C1107AFN) | Argentina
Tel. (54-11) 4307-2436 / 2595 / 2455
carolgo@carolgo.com.ar